罗浮山国学院
藏·书·系·列

曾仕強说中国家庭关系

曾仕强／著

廣東旅游出版社
GUANGDONG TRAVEL & TOURISM PRESS
悦读书·悦旅行·悦享人生
中国·广州

图书在版编目（CIP）数据

曾仕强说中国家庭关系/曾仕强著. —广州：广东旅游出版社，2019.10（2023.10重印）
ISBN 978-7-5570-1776-7

Ⅰ. ①曾… Ⅱ. ①曾… Ⅲ. ①家庭关系－中国－文集 Ⅳ. ①D669.1-53

中国版本图书馆CIP数据核字（2019）第067109号

出 版 人：刘志松
责任编辑：梅哲坤　于子涵
责任校对：李瑞苑
责任技编：冼志良

曾仕强说中国家庭关系
Zengshiqiang Shuo Zhongguo Jiating Guanxi

广东旅游出版社出版发行
地址：广东省广州市荔湾区沙面北街71号首、二层
邮编：510130
电话：020-87347732（总编室）　020-87348887（销售热线）
投稿邮箱：2026542779@qq.com
印刷：嘉业印刷（天津）有限公司
（天津市静海经济开发区北区银海道48号）
开本：880毫米×1230毫米　1/64
字数：109千字
印张：4.25
版次：2019年10月第1版
印次：2023年10月第3次印刷
定价：48.00元

前 言

长期以来，在西方“个人主义”思想的冲击之下，中华传统文化中的“孝道”逐渐式微，使得很多年轻人只注重个人享受，根本不知道孝为何物，也不懂得如何处理好家庭关系。

《孝经》在儒家经典中，是字数最少的一部。其经文部分，只有1778个字。然而早在汉代，它便已成为经学的入门参考读物。

“孝”这个字是怎么写的？它的上面是个“老”，下面是个“子”，就是老少两代的天伦关系。这就告诉我们，一个人无论有多伟大，若是你的事业不能被继承下去，最后还是等同于零。

针对现代中国“孝道”缺失的问题，曾仕强教授从实际出发，结合现实社会的种种问题展开论述，用通俗幽默的语言，指出现代人对孝道文化的误解和扭曲，反思现代中国家庭关系中存在的问题。

中华文化源于《易》，而成于《孝》。中华文化无论有多少源流，无论有多少家，无论有多少不同的说法，它有个总源头。所谓诸子百家，都是从不同的角度来阐述中华文化的道理。但是，最终的成果都有表现在“孝”这个字上，其中包括如何处理好中国家庭关系。

《孝经》将孝合乎自然的道理，将枯燥的经典轻松简明地展现给大家。

孝敬父母，不仅是感念父母生我、育我的大恩，而且要将父母乃至列祖列宗的精神生命及文化成就一脉相承，继续发扬光大。亲爱父母是人的天性，圣贤明君顺着这样的人性，发展为可贵的孝道，并且以身作则，通过祭祀来昭告天下；孝道是以孝治国的基础，而孝治则是孝道的扩大运用。

曾仕强教授认为，一个家庭是否和谐，关键看家庭内成员的关系如何，中华文化中有关“孝”的道理并没有落伍，它可以恰当地改善中国家庭关系。

目录

第一章

成于孝的中华文化

第二章

现实中家庭关系的逐步疏远

第三章

传承孝道的要义

第四章

道德修养的源头是亲子关系

第五章

家庭对我们的影响

第六章

《孝经》中的「五孝」

第七章

推行孝道的原因

第八章

处理好家庭关系的要义

第九章

孝道的优点

第一章

成于孝的中华文化

百善孝为先

俗话说：百善孝为先。无论行什么善，若是不能做到孝敬父母，那其他全都是伪装出来的，全都是骗人的，全都是虚假的，这就是一件很可怕的事情。

“孝”，在中华传统文化中到底意味着什么？“孝”是用来修身、齐家、治国，是用来平天下的，因此“孝”是根本。也可以说，“孝”是治理公司的本。

若有一个很厉害的人，但不能孝敬父母，那这个人迟早会害人。这是非常容易推理出来的。若是你想给一个人升职，先去看看客户同事和左邻右舍对他的评价，看看他在家的表现，这才是他能不能升职最主要的依据。

若是一个人在家对父母不孝敬，你千万记得要提防这个人。因为这个人的心很可怕，为什么这么说？我们是用“道”的方式推测出来的：这个人的心很黑。

换句话说，我们看到父母时，第一个念头就是：假如没有父母，就不会有我。就是这样一句简单的话，即使没有别人，可能你照样存在；一旦没有父母，你就消失了。如今有很多人以为自己多么得意，四处批判礼教吃人，到处宣传儒家学说没落。

通常这种人，总爱误解中国的传统文化，他们不理解中国的传统文化。我们的传统文化有《孝经》，没有“慈经”。我们要求儿子孝敬父母，没有要求父母慈爱子女。假如你觉得这只是片面的要求，而不是互相对待，那你就真的不了解中国的文化。

说实话，子女孝不孝敬父母，是由父母孝不孝敬自己的父母决定的。为什么这么说呢？因为孩子小时候的行为都是跟父母学习的。例如一家三口要回家看望年迈的父母，丈夫说：“我们家里那个好吃的食物带回去给爸妈尝尝。”妻子却说：“若是有富余，拿出一点儿给咱爸妈倒没什么。可现在就这么一点儿，还是咱们留着自己吃吧。”孩子听到这种话，他就意识到，原来有好的食物要先留下自己吃，若是有剩，再给父母拿去吃。

小孩子心里明白得很，可有些人总觉得可以蒙骗孩子。我们要懂得一个道理，孩子越小越接近“天”，越大便离“天”越远。这也是我们为什么会说孩子“天真”的原因，就是孩子离“天”很近，他是“真”人。可是，现在社会上有一部分大人是“假”人，假道德、假孝顺、假仁、假义，这是成年人应该做出深刻反省的。

我们总认为因果报应是迷信，是难以解释的、抓不住的东西。但是，因果循环是真实存在的，而且距离我们并不遥远。你如何对待你的孩子，等他长大后就会用相同的方式对待你。你如何对待你的父母，你的孩子长大后就会用你对待父母的方式对待你。要是这还不叫因果，那什么是因果？也许孩子没有恶意，但当他逐渐习惯这种相处模式，就算想要改变也并不容易。

为什么如今孝道会逐渐衰落？因为家庭结构发生了改变，我们从宗法的大家族变成了只有三口的小家庭。大家族就很少存在这种问题，大家都在一起聊天，一起吃饭，就连早饭前、晚饭后都要向长辈请安。在这种环境中，孝道是很容易培育并维持的。

小家庭就完全不同了。你每月的工资，千万别让你妈妈知道，妈妈知道后会算计你的工资。如今社会上有很多人都在打着这些东西的算盘。就连夫妻间的财产都要划分清楚，美其名曰个人婚前财产。既然刚开始就分得清清楚楚，称得上什么夫妻？等以后，我们便能体会到：似乎所有的事情都离不开孝。只要你力行孝道，慢慢其他的事情也会调整好。

中国人离不开孝道，可能大家会想，不讲孝道的西方人不照样活得潇潇洒洒？西方国家也很发达。西方人把《圣经》里的“信我者，得永生”这句话理解错了，导致他们整体变得不重视孝道。

信上帝就能得永生？这可真是奇怪。西方人崇尚科学，反而觉得信上帝可以得永生？这句话的真假，既不能被验证，也不能被实证，西方人也不对此进行批评。由此可见，宗教信仰跟科学没有多大的关系。

《易经》告诉我们：自己的主宰是你，没有人能够主宰你。这不是盲目的自信，而是自性，是性格的性。我要提醒大家，科学并不能包含所有的内容。科学管不了宗教，正因他们理解这句话的真实含义，所以再伟大的科学家，可能也有自己的宗教信仰。

每个人都有自己的本性，每个人的本性都来源于天，始终是天人合一的。我的本性是做事情要凭良心，良心便是天理。我们有自己的行事风格，西方人也有他们的做事准则，我们尊重他们的文化，但是中国人不能忘本，要坚持中国的传统，这才称得上一名中国人。

孝指的是两代人的关系，若是连父子关系都不能相处好，跟邻居怎么可能好好相处？跟同事还能相处得好吗？你还能平天下吗？全都不能。一切的一切都是以孝为先。

善是什么？善就是美德。很多人提倡破旧图新，这些人认为老祖宗的东西全都不可靠，始终认为新的就一定是好的。可是为什么新的就一定是好的？这句话已经在害我们了。

我选择餐厅吃饭的时候，别人推荐所谓的创意餐厅，大概率我是不会进去。只有菜做得不好吃或者卖相不好看，才需要创意。但现在人们没有目的地乱弄，借创新之名行“挂羊头卖狗肉”之实，这是非常不好的事情。创意、创新都行，但千万不能强求，这件事一旦强求就变得糟糕了。

孝经的重要意义

在众多的儒家经典中，字数最少的一部是《孝经》。《孝经》的经文部分，只有1778个字。在汉代时，《孝经》便是经学的入门参考读物之一。孝讲的是家庭中相对主要的伦理关系，故而十分容易引起大家的情感共鸣。从人伦亲情中，我们引申出孝治的观念，更将孝道逐步扩大到治国、平天下的境界。

孝治和孝道，是中华文化的独特产物。只有中华民族将孝当成重要的品德，还有一本传统国学《孝经》加以规范。很长一段时间内，在炎黄子孙的心中，“万恶淫为首，百善孝为先”这句话有非常强大的支配力量，也着实起到非常大的影响。现代人对“万恶淫为首”貌似有些质疑，但对“百善孝为先”仍然饱含信心，真是天佑中华，值得庆幸的一件事！

我们有《孝经》却从没听说过“慈经”，这

件事曾引起很多人的批判和怀疑。孔子不是一直倡导“父父、子子”互相扶持，各自尽好自己的责任吗？为什么中国人只提孝道，不将慈道与孝道相提并论呢？

在伦理关系中，彼此都是双向的。唯独孝道是单向的，因为“父母可以生子女，但子女不能将父母生出来”，这不是很明白、简单的道理吗？

尚未出生为人时，我们一无所有；等有了父精母血，创造出自己的身体，再经过母亲怀胎十月，最后呱呱落地的时候，还不是裸着身体。但从身体的“无”到“有”，这种“无中生有”的关系，难道还不够珍贵、不值得永远记得父母的恩情吗？

孔子曰：“仁者，人也，亲亲为大。”亲亲是敬爱双亲、兄长，也就是孝。父母是我们的本，而天地是我们的根。饮水才会思源，做人不能忘本。只有这样，个人的价值观才有可能做到公正不偏，道德修养才能每日精进。

《论语·学而篇》指出：“孝悌也者，其为

仁之本与！”意思是：不孝敬父母的人，一定是一个无情的人；生而为人却不讲情感，怎么称得上是人？做人最要紧的就是生活，生活最重要的便是人情，人情最难得的便是合理，而合理的人情，先从孝敬父母开始。

我们常常说：孝顺、孝顺，难道孝就是事事都要顺从父母吗？自然不是。《论语·为政篇》中记载，“孟懿子问孝，子曰：‘无违’”。“无违”不是纯粹地听从父母的命令，而是不违反“礼”的规范，即“生，事之以礼；死，葬之以礼，祭之以礼”。在《论语·里仁篇》中，讲述得十分清楚：“事父母几谏，见志不从，又敬不违，劳而不怨。”

父母也是人，难免会有过失，为人子女的不应该冒犯直言，应该委婉劝谏，使其及时走回正道。倘若父母执意不听劝谏，也不能和他们发生争吵，要暂时忍耐，等父母心情平静后，再进行劝谏。若是父母始终不听，子女表面上对父母仍要恭敬，即使心里十分哀愁，也不应该有怨言，甚至产生怨恨。

《孝经》全文，都以曾参求教而孔子解惑、讲道的教学活动，来诠释孝的类别、功能、内涵以及价值。

“事亲”指心中惦念着父母，时刻不忘孝敬和关心父母。“事君”是指服务社会人群时，不要忘记扬名显亲，不使父母受他人的侮辱，即自己不能被人责骂成“没有家教”的孩子，甚至遭受“这是哪家的孩子？如此不懂规矩”的辱骂，使父母羞于见人、颜面无光。

“立身”是“事君”和“事亲”两方面的体悟和实践，我们明白安身立命的道理——“以孝事亲及事君”，这是中华民族特有的道德责任，我们觉得无比自豪和骄傲。先王通过至德要道，获得了良好的印证。想想春秋战国后，为什么一直没有达成这样的效果？如今，我们重新学习《孝经》的意义就在于此。

孝，无所不在

孝道，可以体现在社会的各个方面。比如用来治理国家，便是以孝治国，以孝治天下。如今，我们很难分清不读书的是哪些人，读书的是哪些人。因为有些读书人明白的道理比没读书的人懂得还少。

说句实话，这种情况真的让人很难为情。通常是那些没有机会读书的普通人真正保留了中华传统文化。没有读过书的人，反而懂得的朴素道理更多。有些人一旦获得了知识，就开始对祖先有意见了，这些人认为中国人应该向西方人学习，要同国际接轨，不应该保留中国传统的那些糟粕，这真是大不孝的想法。

当一个人将孝道发扬到极致时，整个家族都会因你而备受尊重。老子就是一位大孝之人，他不仅对父母孝，也对天下孝。现在不是这样，我们没有这种情怀了，什么东西都彼此分得清清楚楚：这个是我的，那个是你的。比如，学生参考老师的书进行学术研究，本是天经地义的事，竟然出现老师起诉学生的状况了。

老师开始挑剔起学生：你论文里面的那几句话是我说的。只是学生不好意思反诘老师，不然，他大可以反问老师说：老师，您那几句话哪里来的？是您自己的思考所得，还是抄袭了您的老师？

我对知识产权一直都不是很重视的，那是别人用来操纵你、赚你钱的一种理由。试问：制定法律的人有所谓的“知识产权”吗？

“天下之公器”——学术，可现在有多少人以中华文化的“传道者”自居，名义上传道授业，暗地里却干着追名逐利的勾当。更有甚者，七老八十、身为长者还招摇撞骗，让人看后实在反感，可自身却不觉得自己有何不妥。

我是赞成取消知识产权，最好是彻底取消掉。身为中国人，要走自己的路，不要觉得西方人做的事情都是对的。孔子有知识产权吗？

假如孔子有的话，我们可惨喽，我们从小便学习《论语》，每天都在引用、学习他的话。我们岂不是每天都要给孔老夫子钱，否则，就是侵犯了他的知识产权。

全世界都在学习孔子的学说、孔子的为人处世之道，要是向外国人收取知识产权费的话，那我们就不用工作了。因为外国人不是学习孔子的智慧，就是学习老子的智慧，而且最爱研究《易经》。

你看看那些主张知识产权的人，他们自己免费学习圣贤的知识。自己都不受知识产权的约束，反而用这个来约束别人，真是非常不公平了。

历史上，有很多伟人是单亲家庭，他们无可奈何，有自己的苦处。如果你接触过单亲家庭长大的孩子，你会发现他们更懂事，他们会跟妈妈说：我们家跟别人家不同，因为别人家的爸爸健在，他可以撑着一个家。我们家就靠娘儿两个，我们要比别人更密切合作，平时彼此多担待。当小孩子懂事时，他的为人处世就和同龄不懂事的孩子不同了。

若是确实没有父母也没有办法。老实讲，单亲家庭的孩子，确实会更努力、更争气。什么是单亲家庭？就是爸爸或者妈妈很早便过世了，抑或是父母离婚的家庭。孟子是单亲家庭；孔子也是单亲家庭，这并不妨碍他们成为圣人。

自以为幸福的孩子，有些刚开口便让父母觉得受到了侮辱，可能你没有听到罢了。比如，老师看哪个学生上课时没有精神，下课时却精神抖擞，他就能想到这个学生有什么样的家教。

“其下能养”，意思是你能奉养父母，这是最基础的要求。但是，现在连“供养”的含义都变了。一个人上要养父母，下要养子女，可能心里还惦记着家里养的两条狗，以至于父母和狗的地位一样，甚至有些人给狗吃的东西比人吃的还精细、讲究。为什么有些人会变成这样？就是因为我们过于重视技能和知识，忘记了这方面的基础素养。

孝的范围非常广泛。我很少穿乱七八糟的衣服，因为我买衣服的时候都会不自觉地想道：假如我父亲看见我穿这种衣服，他会有什么感觉？所以我不敢穿，一直到现在我还是不敢。我也没有必要那样做。

我要靠把头发搞得跟公鸡一样凸显自己吗？我要靠奇装异服来吸引别人的注意吗？不用，我上电视台参加节目都是不化妆的，就保持原本的样子，不像有的人台上、台下是两个人。这种人卸妆后，走在街上还有人认识吗？没有。

我们要谨记：做一个实在、靠谱的人。我们还要明白，真的东西跟实的东西完全不同。实的经常不真，真的常常不实。我们总觉得真和实是同一个东西，实际上它是两个东西。你真的孝吗？没人知道。若是你实在孝，我看到了你的行为。但也有可能你是装出来的，我如何知道你是不是发自内心的孝？

看一个人是不是真的孝，要看他父亲死后，他有没有立马改变自己的行为。如果改变了，他之前表现出来的行为就全都是假的，而这种虚伪的人是很可怕的。他会投机取巧，见风使舵，为达目的不择手段。你最好跟这种人保持距离，到时候别被他拖下水，叫天天不应、叫地地不灵。

现在，有些孩子的心中完全没有父母。他们觉得：你笑我父母，那是你的事，跟我可没有关系。为什么现在会出现这种情况？正是因为我们在电视上接触到的几乎都是外国的东西，很少有我们本土传统的东西。

西方人提倡自我价值，几乎都是个人主义，强调有能力就要多表现，求新求变，最好天天都引人注目。在中国社会，这种人是没有出息的，你可以看到很多的案例。想在中国社会出人头地，却用西方的方法，根本不可能。

中国人讲究循序渐进，不然备受打压。有人打压你就说明你已经被别人盯上了，这时的你想要上进是非常不易的，但要在西方社会就很容易独占鳌头了。

知道，还是不知道

我们来看看“孝”这个汉字的写法，上面是“老”的上半部加上下面是个“子”，就是老少两代的天伦关系。由此可见，无论一个人的成就有多伟大，要是你的事业不能被下一代继承，最终还是归于零。

同样的道理，即使中华文化博采众长，若是不能绵延不绝，很快便湮灭了。这岂不是一件很可惜的事情？正因孝道使得一代代人承上启下，优秀的中华文化才能流传下去，并且不断扩大它的影响力。

老子曰：道可，道非，常道。一直到今天，我们还认为这个“道”真难理解。

实际上，“道”可以分成三个层次。

这三种“道”，有一种是不可以说出来的，正所谓“天机不可泄漏”。为什么不可以说出来呢？因为老天不可能把所有的奥秘都让人知道。

也有一种“道”是可以说出来的。若是什么都不能说，那我们如何传授给别人呢？一定有很大一部分是可以说的。而我们大部分人都在说这个可以讲出来的“道”。

最后一种“道”很难讲。中国人对可以说出来的东西，仿佛没有什么兴趣，因为大家都知道。当“道”变成常识后，大家就不觉得稀奇了，反而对不能说的“道”充满好奇。

关于“道”不可说的部分，就算你想说出来，可能也表达不出来。中国人有一句口头禅：很难说。当你向一个人提问时，他会先说“很难说”，然后再表明自己的态度，意思是我告诉你我的想法，但你不能告诉别人。

我们如何能懂“道”？很简单，有以下三个步骤，可供参考。

养成一种习惯，当你遭遇任何情况、看到任何事物时，首先告诉自己：反求诸己。意思是：任何事情不要老向外假求，要向内自省。中国的传统文化则教导我们，遇事要先向内自省。而我们一些人受到西方的影响，动不动就向外假求。

自己牢记：刚生下来的时候，我是一无所有的。如今，所有的东西统统是身外之物。没有也罢，有也罢，不必过于紧张，都是无所谓的。因为到最后两腿一伸，也是一无所有的。若是一个人怀有这样的心态，一生便会平和安详很多。

为什么很多人说“我知道”，最后才发现自己并不知道？正是因为这些人起心动念了。人要做到不起心动念并不容易，唯一的办法就是忘掉自我。当你失去自我的时候，“道”就显现出来了，这是第一步。

第二步，因为你失去了自我，遇到功利得失，就不会心急，也就不会拥有得失心，就不会根据自己的喜好，片面地解决事情。总有人脱口而出，说不是这不好，就是那不好。可是，我们想想：你凭什么这么说呢？

“我之立身”正是凭借着无我的心态。有了这种心态，遇事便会客观、冷静、公正。这三个词也是我们常常提到的，但很难有人做到。当我们很客观、很冷静、很公正地看一件事情的本质，这时“道”便浮现出来了。

接下来，我们要做的事情是什么？选择。人生就是一场选择的过程。选择后就进到第三步，恢复本来的我。这时的我还是一无所有，人家把它拿走了也不算什么，就算有了某样东西也不算什么。生活便会少了很多束缚，自由自在得多。

当你想到父母的时候，立马告诉自己：本来我是不存在的。能认识到这点比什么都重要。若是没有父母，你连身体都没有，还谈什么生活？

这样，你就会觉得：天底下任何关系，都没有我跟父母的亲情关系深。要是最该孝敬的父母，你都不懂得去爱，却去爱那些乱七八糟的东西，甚至为了那些乱七八糟的东西，气父母，这完全不合“道”。

其实，中国传统文化表现在我们中国人讲“道”。我们懂得：所有的文化，最后集大成的表现就是孝道，这点不会受到别人的质疑。

第二章

现实中家庭关系的逐步疏远

孝，是亲情

为人父母，照顾儿女要全心全意，但孩子未来会怎样发展，和父母的关系并不大。若是世上有灵魂，本来父子就是两个灵魂，不是一个。一个灵魂不能同时变成好多个人。你说儿子是我的分身，这不可能；儿子是我未来的延续，也不可能；要说儿子和我是同一个人，那更是天方夜谭。为人子女是孩子，他有他的抱负、理想，也有属于自己的局限性。

千万不要随便听到一句话就将它无休止地放大。社会需要各色各样的人，需要大家进行分工，每个人各司其职。假如每一个人都是省长，那谁来扫地？假如没有人打扫卫生，省长如何上班？因此，那些提倡，人人在各方面都平等的人都是笑话。

奇怪的是，我们能接受这种想法，甚至觉得这种奇怪的观念十分先进。直到后来才发现，不是这样的。那大部分人是什么时候发现这点的呢？通常是人们临终的时候。这时的我们才意识到：这辈子都在欺骗自己，真是一生中最大的遗憾，而且永远都无法弥补。

孝是自己尽心尽力，别人怎么做、怎么说都是他人的事情。切忌怀有那种目的谈论他人家的事情。所以，我从不赞成老师、父母告诉小孩“我是为你好”“你不要忘记了，是我把你养大的，将来等我老了，你要对我负责”。

这种话是不能随意乱说的，它不是法律责任。不知道大家有没有发现：父子间想通过法律手段结束父子关系，是不可能的。

最后害了谁？是我们自己，这就是自食其果。对于孝，我们不能指望它带来任何好处。我们只能问自己：我有没有做到孝敬父母？假如没有，我就是一个忘本的人。若是我连本都忘了，人生还有什么前途可谈？一棵树，树根烂掉后，即使树长得再高再大，这棵树也活不长久，很快它便被虫蛀了、烂了、倒了，逐渐枯死了。

宇宙造化的妙处是什么？就是真正害你的人很少，真正想杀你的人也不多，真正打你的人更是不常见。最损害我们的是什么？是心中的怨气。那股怨气涌上心头，你便承受不住了，没有人能承受住。

有些老妈妈，一开口就是怨气："我怎么就那么倒霉呢，年轻的时候我那么辛苦，如今七老八十仍旧辛苦。即使养了七八个儿子，又有什么用？"这股怨气正是伤害全家人的罪魁祸首。无论是事业、前途、健康，还是别的什么，都会因此受到伤害。

俗话说：富不过三代。这句话不是因有形的东西，而是怨气得不到及时消除而导致的，这才使得其家里富不过三代。

但这点，我们就不承认：怨气？何来怨气？不可能有怨气。这是为什么？因为我们只看能看得见的，却不看那些看不到的。现代人很多是非亲眼所见就绝对不去相信，只有眼睛看得见才会相信。这是在做什么？骗自己罢了。

孝道是用来传家的。即使这一代我们很苦，第二代仍旧很苦，但第三代总会出人头地。靠什么？靠一个“孝”字，没有其他。

我们也可以换一种说法，用直白的话说：一个人的一生，不奋斗是不行的，不努力也是不行的。一生的奋斗和努力，都在做一件事情，就是看最后老天能给你什么。要是老天不给你，你多么努力、奋斗也是做无用功。即使你的目标再远大，你多么坚持，加上有一伙人愿意跟着你，但是输就是输。

人的一生就是为了证明“分”，只有活得恰如其分，才会活得心安理得、死而无憾，这才是一个人的价值观。千万要记得：好的家传不能断。只有不断家传，才能赶上好的时机。要是断了，即使来了好时机，你也会错过。

可能老天并不公平，但是老天很公道，风水是轮流转的。有很多人听不懂什么是公道，只能听懂什么是公平。实际上，公道是真的，公平是假的。可悲的是，我们只懂用自己的话阐述西方人的思想，最后害了自己、欺骗自己。

大部分中国人不讲权利义务，只谈世道人心。中国人说：有了儿子，便要好好教导，结果怎样是孩子的事儿。孩子好，表示父母教得还不错，修得还不错；孩子不好，你也只能摇摇头，也不能因此便杀掉他。

没有人会说这是我的孩子，为什么我不能杀他？父母对子女只有教育、生育的权力，没有控制权，更没有剥夺他生命的权力。换句话说：他是你所生，但他不是你所有。当国家需要你的孩子保卫的时候，你必须让他去。

保家卫国，是大孝。你不能因自己的儿子保家卫国，从而不能对自己尽孝，就抱怨不止，孩子不是父母的私人财产。

孝对人类的好处是眼睛看不见的，我们也不能对孝抱有太多功利心。如果你功利地孝，你的整个动机就变得邪恶了，那就变成投资了。这个小孩你看着不行，便丢掉了；那个小孩你看着挺好，便投入心力培养，没有一个父母会这样做。

有人把小孩生下来就丢掉，这种人根本不配为人父母。现在弃婴的数量很多，几乎成了社会问题。孩子儿时平凡，大了不一定发挥得不好。有些孩子儿时越看越笨，长大后却得了诺贝尔奖，很难料到的。到时候父母后悔有没有用？没有用。

孝，是亲情，不是功利。身为现代人，我们应该对孝有重新的了解。随着时代的不同，孝道的表现方式也有所不同。这样我们才会懂，不能因二十四孝讲了貌似不存在的敬亲孝亲的故事，便说它不现实，也许正因为它超出现实，才会永久地流传下去。

不合时宜的二十四孝

用现代人的眼光看，二十四孝和上古神话没有任何区别。当年舜耕田的时候，有很多大象主动自觉地帮助他，我们解释说这是因为舜的孝行感动了上天，上天怕舜太过辛苦，便派了很多大象帮助他。这现实吗？难道这就不是神话吗？没错，这就是神话。

我从事教育工作几十年，跟年轻人长期待在一起。我明白为什么年轻人知道岳飞的少，知道林肯的多。我常常在心里想：学校的老师到底在教什么？林肯的确是一位了不起的总统，但是我们的民族也有很多了不起的英雄人物。现在的老师、家长，宁愿让孩子知道外国的伟人，却不让孩子了解本国的伟人，这不就是崇洋媚外吗？

了解本国的历史跟了解外国的历史，哪个更加重要？当然是了解本国历史，若有富余的时间再了解外国的历史。好比一个人住在山东，却对山东毫不关心，对山东毫不了解，即使你了解全世界，又有何用？

我想我的分析应该是合理的。人们的认知习惯总是由近及远。大家会对周遭的事情格外关心，因为身边的事情跟自己的生活息息相关。我最想知道的事情是社区的变化，而不是那些我从未到过的地方，也不想知道什么人、发生了什么事，那些地方跟我没有什么关系。

孩子永远比大人灵光，孩子的脑袋里没有那些杂七杂八的东西。大人喜欢胡思乱想，因此都不灵光。大人要骗大人比较容易，大家都耍心计，都是招数对招数。这些招数在《孙子兵法》里都能查到。孩子脑袋里没有这些，他会用纯真的眼光来看你们，所以看得一清二楚。

大人想骗孩子却很不容易。孩子只是说不出口，他怕你打他。起初孩子都是说真话的，但最后被父母打成不敢说真话。这样是好事还是坏事？答案当然是好事。人向来没有资格说真话，只有能力讲实话。

人就是这么可怕。宇宙万物中，最可爱的是人，最可怕的还是人。我们要时刻有这样的觉悟。从现在开始，我们不求真，稍微有点能力，我们就求实。“实”也很麻烦，因为它会时刻变动；但是真，是不会变的。变就不是真，真的东西不会变，而实的东西随时在发生变化。

比如，我真心想孝敬父母。可我年轻时候的经济能力很差，我有这个孝心，但是苦于没有能力来表达我的心意。那么，当初送给我父母的那个朴素、不是很贵的礼物是不是我的真心？暂时称不上是。因为真心无从表露，那时候只能做到这样了。但是，现在我有能力了，父母却往生了。所以，我的真心一辈子得不到恰当的表达。

没有及时表达我的孝心，所以父母对我孝心的了解程度，我永远都不知道。如今我有这个能力的时候，父母却已经离开我了。即使我想表达也无从表达，这是很实际的情况。“子欲养而亲不待”，人类离“真”的距离其实并不近，即使子孙们前赴后继，也很难达到“真”。

“真”的境界到底是什么？我们求“真”，真能求得来吗？别太把自己当回事儿。我一直强调：要过实在的生活。道家的最高境界便是真人，但能修炼成真人的人实在不多，那是要修炼很久才能达到的境界。

要成为一个实在的人很容易，要想成为一位真人，可没那么简单，需要经历一个艰难的过程。

我们对宗教十分包容。和西方人不同，周围人信奉什么教，身边的人就跟着信奉。西方的总统可以公开讲信奉上帝，但中国不会有一位领导人宣称自己信奉何种宗教。

我很不认可，一些公众人物在公开场合声称上帝的旨意或类似的话。尽管在美国可以讲这样的话，但在中国就不可以。

中国人有两个东西，一个是道德，一个是艺术。可能你会问，难道我们没有科学吗？怎么会呢？只是我们讲究的科学相当艺术，同时还要讲究道德。这种科学其实更好了。

我们也接受宗教，只要宗教既能重视艺术，

又能重视道德，我们没有理由排斥这类宗教。我们也有法律，但我们的法律也很道德、很艺术。

记得年轻的时候，我刚去美国，无论在哪个街头都能看见，黑人做什么事情都是一心二用。比如他会一边唱唱跳跳，一边卖东西。他们的音乐和运动是天赋。人类需要多元化，每个民族都有属于自己的特性，这些也都是必要的。

二十四孝的故事能流传很久就是因为站在艺术和道德的角度看，不像现在有关科技的论文，不到两个月便要修改一次，其命运很悲惨。

我教书几十年，这种情况最清楚不过了。只要学技术的学生，都是不分昼夜地写论文，为什么呢？因为你的论文刚发表，没多久别人就把你的观点推翻了，从前的东西变得不合时宜了。现在科学发展得很快，以前的东西大部分都发生变化了。不仅做实验的道具变了，甚至有些内容也改变了。

但是，大家有没有想过：为什么《三国演义》能流传那么久？原因就是我们抓住了两个最主要的东西：一个是艺术，艺术永远不会变；一个叫道德，道德也不会变。西方人搞的东西都是变化的，他们老给我们灌输“求新、求变”的观念。

我们的老祖宗却说：不听老人言，吃亏在眼前。他们很少教导我们求新、求变。他们说这种话，自然有自己的道理。

中国人在乎的是，你到底有没有心志？若是你有那个心，即使你没做到，也无所谓。我们最怕的是，你连那个心都没有，这才是“二十四孝”真正的含义。

很少有父母在乎自己的儿女每个月给他们多少钱，他们更在乎你有没有尽自己的力。一旦你尽了力，即使很微弱，父母们都会心满意足。中国人不在乎所谓的物质，在乎的是情义。

中华民族不是物对物的民族，是心连心的民族。我们拜访别人的时候，从不规定你送什么礼。带着礼物只是告诉你，我来拜访你是有诚意的。

那为什么有诚意就是好事？因为每个人能力不同，千万别勉强别人，主要的是你有没有那份浓得化不开的感情，有没有那份诚心，这才是最重要的。

中华文化是世界上很少谈“情”的文化，可现在不同了，我们不这么想了。感情？那会误事！感情？那是包袱！人生而无情，何以为人？一个人连最基本的感情都没有，如何做人？

我们才会理解，向来中国人请客都会说：你有时间的话，随时欢迎你到我家来做客。你来我家的话，我家有什么我们就吃什么，我绝不会为你特别准备的，你放心。我们都讲这类话。我们不会讲，你哪天到我家做客的时候，我把我家附近最好的餐馆里最有特色的菜买来请你吃。这样说，大部分客人就不会来了。

这是什么道理？很多人不懂我们的文化，就说中国人虚情假意，只有嘴巴说得好听。一听就是完全不懂中华文化的人说出来的。中国人懂得，我们最怕欠人情。中华民族是一个充满感情的民族，我们只愿意付出彼此的感情，却不愿意欠别人感情。

说实际的，一个人越穷，他就越需要朋友来家里做客。这也是为什么朋友来的时候，人们会打肿脸充胖子的原因。哪怕破产，也要借米、借肉来招待自己的朋友。就算平常自己饿得要命，也要给客人准备丰盛的饭菜，这样朋友下次才会来。

假如朋友来了之后，你一直跟他哭穷，称自己实在穷得没有办法请他吃饭，甚至还跟朋友乞求，试图让朋友留下点钱接济。试想，下次他还会来吗？绝对不会来的。我们看得很长远，绝不只关注眼前的利益。

每次我提到“孝”都很惭愧。我常常跟我的孩子说：我是不肖子孙，我比不过你的祖父，没有将他的精神传下去。我父亲教育子女的时候，向来说一不二，宁可被孩子误解，还是该怎样就怎样，凡事决定了便没得商量。

我做不到我父亲那样，我承认我的教育观念受到了西方的影响。我对小孩的要求不像我爸爸要求我时那般严厉，因此若是他们现在犯错，还是我的罪过。半夜三更自己反省的时候，也会觉得很难过。说实话，只要有一代松垮了，下面几代就都跟着松垮了。

研究中华文化几十年后，我发现只有抓紧家庭教育，做事一丝不苟，凡事一旦决定便没得商量，良好的家风才会一代一代地流传下来。

中国人常说，“儿孙自有儿孙福”。现在，我们又将这句话曲解成将来儿孙要做什么，是他的事儿，你不要试图干预他。但是儿孙有没有福，为人父母要替他奠定好基础。只要父母有心能做到，“儿孙福”就永远充满希望。

做事的先后，接近道

《孝经》既不是曾子的记录，也不是孔子的著作，它应是儒家弟子集体整理后的著作。

《孝经》第一章《开宗明义章》中，曾写“仲尼居，曾子侍”，“居”和“侍”相对，表明孔子和曾子是师长和学生的伦理关系。讲经说道的前提就是必须展现基本的礼节。

“先王有至德要道”讲的是孔子对先王的敬重，也是孔子以身作则，将孝道融入教学。倘若孔子刚开始就告诉曾子“你仔细听好了，今日我要教你人间至高的品德、重要的理论”，那就有失师道，算不上人师而顶多是经师了。

曾子听到孔子的训诫后，立马从座位上站起，对孔子表现出敬意，并表示要洗耳恭听，丝毫不敢怠慢师长的教诲，甚至还谦恭地说是自己不够聪敏，不知道有如此优秀的治世良方，恳请孔子赐教。

假如换种方式，曾子还是坐在椅子上，懒洋洋地问孔子："老师，这个题目要不要考？"或者说："我已经听说过，自然是知道的。"甚至笑嘻嘻地说："老师，这点已经提过好多次了，说一些新的内容吧！"岂不成了学生胡闹，老师啼笑皆非的糗事？

孔子直接说出自己的结论，"夫孝，德之本也，教之所由生也"，意在醍醐灌顶。在曾子注意力集中的时候，孔子先把重要的结论讲出来。这不是平常所说的"灌输知识"，而是使人醒悟或者是获得启发的"灌输智慧"。若是曾子一连串提问：为什么？有实证吗？能不能举例来说明？恐怕再有效的教学活动，也将遭到严重的破坏。

于是，孔子先让曾子回去坐，然后再细加分析。先让学生把重点记住，然后再细嚼慢咽。不然，把次序颠倒，刚开始便挑明"身体发肤，受之父母，不敢毁伤，孝之始也"，便违反了《大学》所讲的"知所先后"的道理。不然，曾子也写不出"物有本末，事有终始"的经文。

在《大学》里“先后”是很重要的，正所谓“知所先后，则近道矣”。若是知道什么先什么后，就逐渐接近道了。平常我们讲话时，是无所谓对错的，只有合不合理，也就是先后顺序的问题。

比如我告诉你，一会儿要吃饭，现在你要少喝些茶，这样你就很容易听进去。要是我反过来，要你少喝些茶，你听了就会不服气，凭什么我要少喝茶？重要的话要先讲明白，重要的原因要先摆明。

现在我们讲话就是把次序颠倒了，搞得人们都听不进去。反而还会觉得听你讲话的人不讲道理，觉得他态度不好，其实这都是你造成的。因为你连说话的先后、说话的次序都没有搞明白。

孝从“事亲”始。“事”的意思是侍奉，但也含有不马虎、实事求是、不徒具形式的用意。一个人刚生下来，最先接触的就是父母。伦理始于家，而孝是伦理的基础，所以说孝是“德之本”。

教育经家庭着手，将孝道进行实践，并且代代相传，成为最基本的教学准则。所以，教化由“孝”始，逐步变成中华文化的特色。长久以来，不但在全世界闻名，而且产生重要影响。

长大进入社会后，无论从事何种工作，始终抱持着为人民服务的热诚。不为非作歹使父母受辱，最终建功立业，名声大噪，使自己永远铭刻在人们心中。若是为父母争得荣耀，那便是“以显父母”，达到了孝的最终目的。

无亲，最大的不孝

人的情绪有“喜怒哀惧爱恶欲”，人有人情，不用学就可以懂得的人之常情。不论站在怎样的立场，实际上“为人民服务”都离不开顺着人情的好恶加以引导。现代流行的市场导向，就是通过这种方式来实践的。

古代的刑罚大多轻重不等，看起来貌似也比现代严苛得多，而且在众多的刑罚项目中，“不孝”的罪责是很大的，其严苛程度也是现代达不到的。古代借重刑来压制不孝的子女，使他们不敢不孝。现代人靠自觉主动，倘若可以自动自发地孝敬父母，相比之下反而更加珍贵。

现代人自觉主动遵守孝道固然是一件好事，但作为中华儿女最要紧的，应该是自觉做一位中华儿女。文化向来是自然孕育成的，几千年来已经逐渐融入我们的血液，成了我们的文化基因。对于中华传统文化，即使我们多不情愿也只能选择无奈地接受。

这不是宗教信仰，由不得自己来选择。中华文化的主流是儒家，而儒家也有长久的历史渊源，我们想不承认都不行。说实在的，维护儒家的主流地位、发扬传统的中华文化，不仅是孝道的一部分，而且还是大孝。

大乱的基本原因是“要君者无上，非圣人者无法，非孝者无亲”这三件事情。治标而不治本，表面上看好像步入正轨，不乱了，实际上用不着多久便又乱了。要是想治本，就必须找到哪里是本。

同时，这三个乱源，一是心目中没有君王；二是心目中没有圣人；三是心目中没有尊长。由此，我们可以看到共同的原因，就是心目只有自我，无他人。换句话说就是自我意识太强，这是一件很可怕的事情。若是心目中没有别人，也是一件很可怜的事情。

中国人一直在乎你的心中有没有父母？有没有圣人？有没有领导？其中父母为根基，要是心中连父母都没有，谈何领导、圣人，估计一概都没有了。

“无亲”意思是看不起自己的父母。年少的时候不敢，越长大越乱来。除了对父母不孝之外，还要加上无情、圆滑、奸诈、投机等罪名。若是你有这样的兄弟，你想要吗？若是你有这种朋友，你敢与之交往吗？哪怕是这样的部属，带起来你会觉得安心吗？跟着这样的领导，你未来会有前途吗？

可见“无亲”的人，大家都对他疑虑、不敢信任，因为这种人迟早会有问题。其中最可怕的是不一定哪天就被他出卖了。

我们心中有别人的同时，同样希望别人的心中也有自己。作为炎黄子孙，这已经成为我们努力一生的目标，并时刻通过类似的考验和测试，不断影响在一起工作的人和改善自身。

什么都容易换，唯独兄弟父母是不能换的。这种事上电视哭诉会惹人笑话，诉诸法律也没用。血缘关系是不能切割的，只有从自身做起，逐渐改变别人的观念。换句话说，多给别人看自己的行动，别人自然就逐渐相信了。嘴巴上说得甜甜蜜蜜、天花乱坠，骗得了别人一时，却骗不了别人一世。

好像多做少说、做了才说，甚至只做不说的效果更好。我们每个人都心中有数，至于有什么数？我是不会说的，你可以猜一猜。若是有人碰巧猜对了，我还要辩解道：不是这样的，你猜错了！这才称得上是艺术的人生。

有些人对孔子的思想抱有怀疑甚至是反对的态度，认为儒家思想已经不符合现代的需求，很可能会变成现代化的绊脚石。其实际原因是长期以来，我们传承时出了差错以及解释得不够妥当，使得孔子的原本意思遭受到扭曲、误解，甚至是断章取义。

孔子既不偏重保守，也不主张复古，更没有轻视功利，他喜欢人们灵巧、活泼、能应变、有弹性，而且偏爱朝气蓬勃的人。身为中华儿女务必要正本清源，从自身做起，恢复孔子原来的面目。最好先从孝道做起，让自己的根基稳固，后面再谈其他的事宜，才会更加有效、可靠、安全。

孝道沦落的原因

俗话说：菩萨重因，凡夫重果。假如这句话是真的，我们会不会觉得很不幸？现代人太多，而菩萨却太少。正因我们重视结果，我们中的大部分人都是凡夫俗子，动不动就是效益、绩效，又或是个人影响力等。但是，这些又有什么用呢？

人们最后的结果并没有区别，大家都是死路一条。即使你多能干、多聪明、多了不起，都难逃这条路，“死亡”是我们相同的结局，不会有人例外。

人生要学会享受过程，不是追求某个结果。但是现在不同，我们的观念完全颠倒过来，我们不分昼夜地赚钱，总想着有了钱才可以尽情享受。要说可笑的想法便是有些人觉得：有了钱，我才可以一家团圆；有了钱，我才可以实现我的理想；有了钱，我才可以享受属于自己的人生。

结果呢，随着年龄的逐渐增长，我们会发现：这种观念完全是错的。

钱，是离间亲子关系最厉害的武器，也是破坏人与人之间和谐的祸首。比如有两个人，若是他们之间没有金钱上的往来，他们一定相处得很好；若是产生有关金钱的纠葛，两人之间的关系就会受到破坏，更有甚者反目成仇。因此千万要谨记，金钱是我们的工具，我们不是金钱的奴隶。现在却恰恰相反，这种情况就是倒果为因。

俗话说：种瓜得瓜，种豆得豆。这句话是真的吗？我们再来想另外一句话：有心栽花花不开，无心插柳柳成荫。这句话也是事实吧。我们愿意相信自己愿意看到的，并把它当成真的，做事情、理解事情通常断章取义。

儒家为什么不教你不要欺骗别人？而是一直告诉你：不要欺骗自己。我们现在都是欺骗自己。孩子读书读得好，未来前途广阔；孩子考进名校，前途不可限量。结果呢，现实真的是这样吗？学历高、有知识的人就不会破坏社会风气吗？孩子受教育的程度越来越高，培养出的精英真的比原来多很多吗？

读书读到“造化之妙”时，好像自己沉醉在书中的精神世界了，实际上还是什么都不懂。所谓“陶醉”只是在骗自己。到今天为止，宇宙的神妙即使科学都并非完全了解，也因它是一种神妙，故而老子称其“众妙之门，玄之又玄”。

但要说它玄？它又压根不玄，你要去感悟，而不是只会认知。人，一部分的知识可以验证，一部分知识可以认知，但是还有一部分完全靠感悟。这部分知识不能验证，也不能认知。

孝，到底是什么？其实它是原来你心中便有的东西。它要靠你才能激发出来。孩子需要受到大人的启发，才能激发出来，这就是亲情的媒介。如今的父母只教小孩嘴上说着“谢谢妈妈”“谢谢爸爸”，这种方法是不对的，要发自内心地感恩父母才对。

你这等于在引导孩子这样做，给孩子灌输一种你只看重形式，只看重礼貌，并不看重是否发自内心。孝不需要重视这些嘴上的口头功夫。孝重视的是心里的动机，那个所谓我们看不见的、摸不着的东西。

在中国的社会中生存，我们随时都能碰到人外人、天外天，遇到的人一个比一个精明。只是这些精明的人不轻易表现出自己的高明。孟子一直告诉我们：我不喜欢讲话，但我有不得已的苦衷。中国人通常是不得已的时候才会出来讲话，能不出头说话绝对不说。

没有人喜欢讲话，千万不要说某个人爱说话。为什么孝道沦落到这个地步？因为现代人过于重视利益、好处。比如，现在的年轻人觉得生儿育女没有好处，索性就不生孩子。人类如今面临的最大危机，就是凡事只谈好处。

我们要反省自身。上天给我们太多自由了，多到我们越来越贪心，甚至于觉得还不够多。老天给予人们丰富的创作能力、动手能力，人们还不满意。要老天怎么办？老天现在只能给我们教训，不该下雨的时候偏偏下雨，该下雨的时候又偏不下雨。

你需要的老天偏不给你，人类欺骗自己的恶果已经出现了。孝不能和利益挂钩，也不能和利害扯上关系，孝是很纯真的东西。

第三章

传承孝道的要义

优雅的教养

父母要跟孩子讲：身体发肤受之父母，不可以让其有所损伤。比如，小孩子是不是认为自己被刀划破了手，回去只要轻微包扎就可以？小孩子要注意这种意识，一旦自己受到伤害时，要觉得对不起母亲，母亲辛苦怀孕，将他养大，他怎么能让自己的身体随便受伤？

但是现在的孩子毫不在乎，若是不小心受伤了，找个医生稍微看一下就完事了，完全没有将父母的担心放在自己的心上。从这件事，我们能看成是父母没有尽到应尽的责任。

为人父母对孩子的疼爱，不表现在嘴巴上，也不表现在照顾其生活上，而是要表现在你内心有没有将孩子放在首位。现在的很多父母心里没有孩子，只有自己。即使带孩子吃大餐、买漂亮的衣服、买高级的玩具和数码产品，也只是在满足自己的贪玩心和好奇心。

这样的父母哪里是为了孩子？因此，什么是孝？就是要让自己的孩子养成心里有父母的好习惯，这个习惯也是中华文化最了不起的地方。

假如子女的心里没有父母，这样的父母也是很冤枉，为人父母白做一场。我的父母虽然已经往生了，但直到今天我还口口声声念着我的父亲、母亲。只要我的心中时刻惦念着他们，他们就永远没有“死”。虽然人走了，但永远活在我的心里，大家总说“中国人永生”就表现于此。

汉武帝不懂，秦始皇也不懂，但是孔子懂。孔子懂得：一个人想要永垂不朽，只有活在大家的心里才可以。比如孔子就没有“死”。中国有这么多人，问问自己还能记得几个人？无非是老子、孔子、孟子……谁还记得其他人。

历代的祖先告诉我们，怎么才算有福气？有福气的人是生一个不能干、不聪明的孩子。只有不聪明、不能干的孩子才能在你的身边陪伴。现在社会中，这种情况更加明显了，聪明、能干的孩子都想要过自己的人生，父母想要找到孩子都很难，更何况是陪伴在你身边。

父母不能自私地让子女天天陪在身边，不让他们去工作，这也是不实际的。这就告诉我们：你要在孩子打好基础前，也就是孩子变得能干前，将其培养成心中时刻有父母的人。无论他身在何方，只要心中有父母，这就足够了！

孩子儿时是需要父母陪伴的，因为父母陪他玩的时候，多半是以孩子为中心的。但是千万不要把孩子捧得过高，那就变成害他了。我们讲一个道理：捧得越高，将来就会摔得越惨。我们从来不过分奖励、表扬孩子。比如《红楼梦》，即使贾宝玉的文章写得再好，贾政还是会批评："你写的这算什么？还不去请教这些伯伯们。"

家长要记住一件事，你越赞美孩子，将来他出去闯荡的时候，越不能跟领导好好相处。因为领导不会经常表扬他，这时你的孩子就会变得十分压抑。若是这个孩子能认为，即使领导对我很严厉，对我不好，但是我还是很开心。因为即使这样严苛的领导还比我爸爸好，我爸爸管教我的时候比领导还凶，这时孩子就能心平气和地做事情。适当地管教孩子，才是真正对他的爱。

什么事情都存在是否合理的问题，即“度”的问题，看到了吗？是合理而不是对错。如果人到了40岁，还谈论对错，这个人就是不成熟的。什么是对？什么又是错？一个人在合适的时间、合适的地点做着合适的事情，这就是做得对。换一个人，换一个时间，换一个地点就成不对了。可见对错是根据时机经常发生变动的，并不是一成不变的。我们回想下：进小学以后，小学老师成天讲究对错，害了一大批孩子。我向来主张小学四年级前，老师是没有资格给学生打分数的，为什么你要打分数？孩子还这么小，你就能看到他未来几十年的发展，真是荒唐。

现在的人们有恐婚族，因为恐惧而不敢结婚、不敢生育，那我们活着还有什么希望？人类要灭亡很容易，做到三句话便灭亡了：不婚，不生，不育。长期这样下去，最多40年人类就灭亡了。就算20年一代，40年就是两代人，等到第三代便所剩不多。现在我们把它当成笑话，就是思想太浅了，看事情、看问题并不深入。

最好的家庭结构是三代同堂，现在不是了。这种情况是被谁破坏掉的？是设计房屋的设计师。现在的房子都有所谓的几室几厅，可实际上太小，根本名不副实。父母来了后住不下。小家庭的问题很多，比如小家庭是男人跟女人的战场，小家庭没有来自老一代的保护。

现在的年轻人，只要是小家庭，男生永远搞不过女生，最后都是女生一把控制。这种情况不是不好，只是会很麻烦，因为这对你的孩子影响十分恶劣。

我们尊重女同胞，但不是指妇女最大。争取妇女平等权利的运动从西方兴起并逐步发展。很多人现在也开始提倡：西方的制度多自由，多好。

我告诉大家：一个崇尚自由、有自由的民族，不会主动争取自由。凡是鼓吹群众争取自由的民族，表示他们根本没有自由；凡是成天到晚强调平等的民族，就表示他们根本没有平等。

向来中国女权都是第一的，只是大多数人看不懂，导致现在自己人把自己人的地位搞得很低。

你看那些提倡妇女运动的女人，大部分都是长相或能力很平庸的女人。想想也是，要是长得漂亮或才能出众的话，别人自然会尊重你、爱护你，为什么还要多此一举呢？

孝道，要以身作则

每一个人都要修己，修己不是为了自己。若是单单强调为了自己，就是自私。修己是为祖先，为了父母。身为他们的子孙，他们在我身上寄托了全部的希望，要是我稍微有点过失，他们该怎么办？既然我拥有如此重大的责任，怎么能不战战兢兢地做事？

有没有子嗣后代是一码事，会不会生生不息是另一码事。我们要回过头看看，是从何处培养出孝道的。孝是要培养出来的，不是说按照规定做就可以了，更不能用法律来干预孝道，也谈不上跟邻居相关。

邻居怎么看、怎么做是他们的事，我们家是我们自己的事。正所谓：不是一家人不进一家门。邻里相处时，我们要尊重邻居。这才叫多元、包容，才能称得上是和而不同，才是真正的中国传统文化。

人都有恻隐之心。无论什么种族、什么国家都有孝心，这是自然天生的，就连乌鸦都知道反哺，羊羔都懂得跪乳。孝就是从恻隐之心开始逐步演变出来的。至于如何表现出自己的孝心，有待于长者对你后天的启蒙、启发。若是不当的启发，孝道就会变质，更有甚者，会走到相反的方向上，打母辱父。

中华民族的孝道是我们的祖先历代传承逐渐积累下的。做父母的应该思考：如何能将孝道更好地传递给后代，而家庭教育的重要性及价值也正表现在这里。孝道该如何培养呢？不是简单地动动嘴巴、单纯说教就可以培养出来的，而是为人父母要亲自为下一代树立榜样、以身作则。

“则”是效仿的意思，若有父母亲自对长辈行使孝道，后代的子女们就会不知不觉地、很自然地效仿父母对长辈的孝道。

中国人经常讲做事要设身处地，做人要将心比心。大概我们只会在字面上传诵，很少有人能真正了解“设身处地、将心比心”的含义。既然已经为人父母，就千万要记得，这个孩子是你生出来的。既然是你把他生出来，你就有责任将他们好好培养。

孝道不是法律规定，而是一种责任。我们要把后代培养成中华儿女，把他们教成可以继承和发扬孝道的孝敬子孙。只要断了一代的传承，随之失传的便是良好的家风。

子女要孝敬父母，如何孝敬？也不能讲过多的大道理。在孩子很小的时候，教他很多知识、规定很多规矩，孩子也只是会背，不懂得如何做，不理解这样做的原因。现在的年轻人，就是知道很多大道理、学到很多东西，但就是没有执行力，他们觉得只要记住这些内容就可以了。

既然背诵出来就能得高分，那做不出来又有什么关系？这就是言行不一。我们的教育就是在培养一些言行不一的人，这是一个非常糟糕且严重的问题。

中华文化重在实践，言行一致是非常重要的品质之一。孔子说：听其言并不全面，还要观其行，看看这个人是否做到了，比较要紧。嘴巴讲出来的话，往往不被相信。做父母的要多思考：未来我要如何做才能培养我的子女，让他们正视孝道的重要性。

儿时，我们挤在戏台底下，眼巴巴地看着些什么？其实就在看四个字：忠孝节义。我们看得严肃、认真，从来都不嬉皮搞笑。怎么能搞笑呢？只要人们搞笑便失去前途了。现代的父母，真的要好好反省自身的教育方式。

儒家告诉我们什么道理？就是不讲不合理的话，也就是“言不及义”。意思是只要你讲的话，不符合“义”的要求，你就不应该讲出来。但是现在的父母，整天都是“言不及义”地教育自己的子女。

父母常常当着孩子的面说：“你真是我的宝贝。”但我告诉你，那只是你嘴巴上的“宝贝”，不是心中真正的“宝贝”，现在我们已经心口不一了。

有些父母在孩子面前不是谈论股票，就是

谈论哪部电影好看，再者就是看篮球、看足球比赛的时候随口大骂。请问，这样的父母给孩子做的是什么榜样？父母尚且如此，孩子怎么可能学好？这些孩子很可怜，有父母就像没有一样。

很多父母把自己的孩子当成家畜养，保证孩子衣食无忧，长大后给他一张银行卡，内心却从没有真正关心过他，不懂得孩子究竟需要什么。说到底，孩子的堕落，跟父母有很大的关系。

孝，要合理地无违

现在，常能听见别人说：这件事，我非常有把握。有什么把握？谁知道明天还能不能活着？没人知道。为什么我们遇事经常谢天谢地？因为我们理解孔子讲的“时也，命也”的真实含义。

我们无法确切掌握身边的一切，我们只能适应身边的环境。但是不是西方人强调的“适者生存”？确切地说也不是，适者生存意味着竞争，而竞争很容易让人们在攫取各自利益时不择手段。若是人们行事不择手段、过于残忍，那人跟动物岂不是没有区别。

老子跟我们讲：不争而争，才是最懂得争的人。中国人的高明之处，就在于我们想要的东西，用“让”来争，而不会用争来争。

现在我们来看看，孔子是怎么说孝道的。孔子说：生，事之以礼；死，葬之以礼，祭之以礼；最后便是无违。大家可以把这几句话放在心里，长期以来我们都把“无违”错误解释了。

有一次，孔子的学生去问孔子：孝是什么？孔子回答说：无违。学生便说：先生，我懂了，就是不违背父母的意思。可真是这个意思吗？孔子所强调的“无违”，意思是不要违背自然，不要违背天理。比如，道理的“理”和礼貌的“礼”是殊途同归的。就是说，侍奉父母，无论为父母做什么，都要合理。

“合理”的意思不是父母喜欢什么就给他们什么，凡事完全遵照父母的意思。父母喜欢喝酒，就给他们买来所有好酒。这样的孩子是希望他们的身体快些垮掉，盼望他们早日归天。这就变成了想孝敬父母却不孝敬父母。无论父母喜欢什么，你永远都顺着他们，迟早会陷父母于不义，反倒成了一件糟糕的事情。

人都有弱点，想要的东西总想满足自己，其欲望之心就越来越大，私欲变得膨胀，越发地无法无天。为什么说“老人戒之在贪”？假如老人闲着，整日无所事事，就会成天动心思了，一会儿想要这个，一会儿又想要那个。

若是做儿女的都满足他的要求，万一是不合理的要求，岂不是在害自己的父母吗？因此，孝要“无违”。无论怎样，绝对不可以违反自然、天理。你要关注、倾听父母合理的要求，不听父母那些无理取闹的要求，但是你也不能当着父母面顶撞他们，这样才是“无违”的孝。

遗憾的是，中国人对“无违”存在很多的误解。我们想当然地觉得，“无违”就是凡事不要违背父母，甚至最后还归纳成一句俗话“天下无不是的父母”，何等荒诞。

而这句话，我们又没有理解正确，以致它变成了大家攻击礼教的理由，“天下无不是的父母，完全是礼教吃人的说法”，最后义愤填膺地对其进行批判指责。其实这句话的正确意思是：天下的父母都是人，没有一个不是人。只要是人，难免会犯错。

人非圣贤，孰能无过？天下的父母也不是永远不犯错误的。虽然父母会犯错，但是身为儿女，我们没有资格批评他们。但你也不可以事事顺着他们，你事事顺着他们就是陷父母于不义。

圣人一般的孔子，他会教导他的学生事事顺从父母吗？不会。孔子教导学生：假如父母讲得不对，你先不要说话；若是父母命令你做错误的事，你就离他们远一点。若是父母一直坚持要你做这件事，我们该怎么办？我们不能违背自然的道理，说不做就不能做，你做了便是害了父母。看吧，是我们自己误解了孔子，误解了这句话的意思。

父母在身边的时候，我们要事之以礼，做到这点很难。有很多刚结婚的小两口，常常跟彼此讲“我父母跟我住，你父母跟你住”，这话倒像把父母当成了累赘。甚至当一方说“前几天我给我父亲一笔钱”，另一方听到立马就会说“你为什么要给他钱？”

你看看，这根本不是事之以礼的表现。你的父母日日含辛茹苦，为了你的成长付出了数不尽的汗水。你没有父母的话，你会有赚钱的本事吗？那是父母的钱，你应该加上利息再还给他们。但是，你要是趾高气扬、颐指气使地给父母钱，那也是不对的，那是对父母的不敬。有很多子女，自己都没有意识到一张口就是不孝。

活到老，学到老

我们必须要懂得一个道理，“工欲善其事，必先利其器”。若是你能善用工具，它就会发挥自己的价值；若是不能善用，这件事就糟糕了，这件工具就成了破坏的利器。一般家庭都有冰箱，孩子可以随便打开、随便吃，最后把自己的肠胃搞生病了。现在的年轻人有几个身体健健康康的？这都是父母的过失，是父母不懂得如何利用身边的工具。

中国人为什么提倡三代同堂？因为你刚成为父母的时候，不懂如何为人父母。自己对事情的认知都一知半解，还来教育孩子，告诉他应该怎样做，岂不是会害死他？会做父母的人，一旦遇到教育问题，第一个要请教的就是长辈。

一个人没有活到七八十岁，没有几十年的阅历是不会懂道理的。像孔子那样的大圣人，都说自己50岁才能知天命。反观现在的孩子，张口就是：爸爸，我跟你的看法不同。

要是我跟我父亲说：爸爸，我跟你的看法不同，我父亲一个巴掌就拍过来了。可能有些人觉得小孩子挨打了，幼时心里会有创伤。不知道别人有没有，但我没有，我挨父亲的打后，一辈子只收获了好处，没有得到挨打的坏处。

我们为什么常说活到老，学到老？学到老，不是说学习技术，单纯学习技术没有用。现在，有些老人也很不争气，他去学什么技术？学年轻人上网！我跟他讲：你学了也用不上。都七老八十的年纪了，还去学上网、学英语，岂不是徒劳无功，有什么用呢？

也许有些老人给自己一个冠冕堂皇的理由，说这样我就可以走遍全世界。我跟你讲少说这种话。不是全世界都说英语的，就算在美国，也有很多人可以一辈子不说英语。你找这样的借口，只是在开自己的玩笑。

年轻人先能活到老再说后面的事情。如果你能活到老，起码说明你还有耐性；如果不能，那还谈什么学英语、学上网呢？假如一个人拿名片，说他是电子计算机系主任，我就知道他大概率是不会操作电脑的，所以才去当主任。要是在文、史、哲方面，年纪轻轻的人有一大堆见解，我也觉得那太可怕了，这种人不过是一知半解而已。

什么是“割不正，不食”？那是礼教束缚吗？不是。比如一块豆腐，你把它拿出来以后，好好地对待它，它就好好对待你。如果你把它搞得乱七八糟的，它心里就会想：你试试看，等我钻到你肚子里，你就有得受了。于是，就有人吃了卤坏的豆腐，闹了肚子。这不是迷信，这是科学。即使从前没有科学的时候，我们也懂得很多道理，这是为什么？因为中国人讲究天人合一，我们的学问就是从“天上”悟出来的。

当你去买东西吃的时候，如果这个食物是手工做的，首先要做的就是看看做食物的这个人，身体好不好，其品德好不好。若是好，你买他做的食物吃，肯定对自己有好处；若是他身体不健康，那最好还是别买了。

日本的人工很贵，但做寿司一定要用手工。有些商家为了节省成本，买一个机器人放在那里做寿司，卖给顾客的都是机器做出的寿司，吃的味道和手工简直天壤之别，这就是典型的挂羊头卖狗肉，但是我们没有办法。

若是你亲手做的，食物里面都含着浓厚的爱心，这份食物能把你身体里面的气传导出来，然后逐渐散播出去。可是，现在有的人不相信这些。

比如我年轻的时候，读的物理是牛顿的经典物理。后来，爱因斯坦的物理学说出世了，才知道原来牛顿的物理存在着局限性。

再比如，在几何学说里，我们都知道两点之间直线最短，真的是这样吗？其实不是的，两点之间根本没有直线，全都是弧线。

由此可以看出，凡是能写进教材的知识，一般都不是刚研究出来的新知识。而比较新的知识是你头脑里的东西，最新的知识是你还不知道的东西。但是最新的东西也有弱点，就是它是不成熟的，需要多加验证。

第四章

道德修养的源头是亲子关系

万物皆备于我

祖先们很少讲不合理的话，大多数都是合理的。不合理就是不合道，只要不合道，都不属于中华文化。一句看似不合道的话，要是能流传得很久，就说明我们把这句话错误解释了。

孝道，是中华文化的宝贝。从古至今，你讲任何有关传统文化的知识，大家对其都有争论。比如“忠”，到底忠于谁？从前忠于皇帝，难道现在还忠于皇帝吗？关键是如今也没有皇帝了。

但是，只要在我去过的地方提到“孝”，大家都会点头，甚至有些人还觉得自己做得不够多。我说的这些都是事实，是人不为己的“己”的一部分，也是我们作为人的天性。人刚出生时，是懵懂的，是什么都不知道的。

常言道：上天有好生之德。假如人一生下来，便什么都会，什么都懂，会叫爸爸的名字，那这个人就成哪吒了，那可不是普通的人。我的意思不是说哪吒不是人，而是指哪吒是与众不同的人。

老天让我们的智慧流传给后代，却没有让我们的知识遗传下去，而是需要后天学习，也就是启蒙。启蒙不是灌输，很多人批判中国的教育只会灌输，只会像填鸭子，说出这种话的是不懂现实的人。我们都是主张启蒙、不主张灌输的，父母不能强加给孩子任何东西，“万物皆备于我”，你还给他什么东西？这就是我们“中国式”教育。

孩子都非常感激自己的启蒙老师。启蒙老师要把孩子原有的天赋启发出来。假如你只是拼命灌输给他，就是在增加他的负担。现在刚生下来的孩子，家长从小就让他唱洋歌、拼命教他学英语，可孩子内心会很痛苦，他并不懂自己在做什么。

不知道你有没有发现，中国人的歌曲向来跟宗教没有关系。当你请一个外国老师来授课的时候，他并非有意识地传教，但是教唱的歌曲大部分都是宗教歌曲。

俗话说：百里不同风，千里不同俗。“风俗”貌似听起来是一件事情，可实际上风是风，俗是俗。风代表着风气，风气可能来得快，但是去得也快。风不大可能会留下来，但是若是可以留下来，慢慢就成了大家不自觉形成的习惯。习惯的“习”，表示我们已经接受了这种风气，并且变成当代社会中约定俗成的共同看法。

任何一种风气盛行的时候，我们都要格外地小心。否则我们就很容易在不知不觉、糊里糊涂时，将这个风气变成一种不自觉的习惯，等到这时再想改变就困难多了。因此，我们大家常说“不敢开风气之先”，正是相同的道理。

引进国外发展很成熟的东西，对我们可能还有好处；假如引进发展不成熟的东西，一般是什么结果？通常是刚引进来变成我们的东西后，国外就把它抛弃了，这不是让全世界都看我们的笑话吗？

很多人都在求新、求变，现在流行什么，他就追逐什么，你要是和他也一样就变成小白鼠了。小白鼠是什么？就是被别人拿来做实验品，当别人都不用的时候，你已经深受其害了。

一般人做不到移风易俗这样的大事。大家一定要记住，天下的风气是一两个人在改变的，并不是多数人在改变。

从人口比例来看，真正聪明的人并不多，真正糟糕的人也不多，绝大多数人是成天糊里糊涂混日子的。

中国的圣人不多，因为圣人不能多！如果圣人多的话就糟糕了，大家就不知道听谁的了。圣人多导致的问题比圣人少导致的问题还要多。

大家要多了解中国文化的话，就知道要先了解中华文化的“道”。我们应该站在一个旁观者的视角，客观地去了解它。

为人处世之本

我们特别重感情，也因为如此我们的社会关系很乱。情本来是乱的，它需要用礼来约束。礼的作用是将乱象变得有序、变得井井有条。纵观我们的历史，从古至今，都是乱中有序。甚至在乱象中，还有自己的条理，并不杂乱。

条理，讲的就是伦理，伦理是从家庭先开始的。我们都能感受到：若是一家人都不彼此合作，你就成单打独斗了。若是单打独斗，你永远斗不过别人。所以，很多人对我们的历史有所误解。

我年轻的时候不懂事，经常批评自己的祖先，直到40岁以后，看懂了《易经》的一些道理，才逐渐理解祖先的用意，理解中国人家庭的安排。在《易经》中，“归妹卦”讲得很明白。试想当年，赵飞燕和赵飞燕的妹妹一起嫁给皇帝，她们两个在皇帝的后宫中互相照顾，享受皇帝的宠爱。

假如没有这样做，一个人如何应对宫廷里残酷的后宫斗争？不要用西方的观点、立场、眼光来评价中国的文化，我们祖先绝对考虑得比西方人周全，绝对比他们深远，而且对我们后代有着深刻的含义。这种大道理，可不是外国人简单的头脑能悟通的。

“保身”是孝的起点。假如没有父母，子女就无法出世，也没有办法成为一位活生生的人。他们给了我们父精母血，然后在母亲的子宫里孕育出我们的身体，可见“身体发肤，受之父母”。为了不忘本，也为了照顾好我们赖以生存的身体，大家自然要用心维护它们，不可以对其有所毁伤。

若是因不爱护身体而胡作非为，做出败坏社会风气、破坏社会秩序、危害社会的不良行为，父母应该是最伤心的。试想：父母给了我们身体，我们却用身体来伤父母的心，那不是恩将仇报了吗？

所以，我们必须采取正当的途径，秉持为公

益做出贡献、服务人类社会的心态，好好做事，也好好做人。一方面显出父母家风良好、教导有方；另一方面提高道德修养，使自己的名声越来越受到大众的好评。孝和悌是分不开的，孝敬父母必然要友爱兄弟姐妹。对兄弟姐妹不好，也是对父母不孝的一种表现。

“孝”可以修身、齐家、治国、平天下，其力道大得惊人。我们习惯将父母视同天地，把四海之内共同为天地所生的人，都当成兄弟姐妹看待，中华民族成为世界上最爱好和平、最喜欢朋友的民族，也是这个原因。

“你是我的兄弟”是悌的发扬；“老吾老以及人之老”便是孝的推展。《三国演义》中的桃园三结义，也是孝道的一种延伸。

要让子孙记得，没有祖先便没有父母，没有父母便没有他们。这个道理很简单。没有父母，你会在这天地间出生吗？没有父母，我们每个人的存在就相当于零，也就是不存在。

所以，你长大后怎么跟父母讨价还价？天

地是我们的本，父母是我们的根。我们在世上所有的事情，一旦离开父母、离开天地，都无从谈起。这时，我们才晓得，原来修德要从孝始。

说了这么多，如何定义孝呢？其实孝包含的内容有很多，不是我们脑海里想得那样简单。一本《孝经》把如何修身、治国、平天下，统统写得一清二楚。以孝治国，称为孝治。同样，我们现在也可以用孝来治理公司。

只要一个人对他的父母孝敬，人们就愿意相信他所说、所做。因为孝敬父母的人不会伤害别人。大家也能了解，为什么我们的孩子做错事情的时候，大人不会骂这个小孩，而是骂他的父母？因为这是家长没有教育好自己孩子的结果。

教育孩子是父母的责任。若是孩子不孝，我们才会骂他的父母。如果你不孝敬父母，什么都没你的份，什么都没有商量的余地，谁都可以看不起你。这才是真正的“孝”的精神。

真正孝道的力量非常强大。对此，从前的我们有很多误解。这次，我们不再盲目地弘扬道统，而是把中华文化正本清源地传承给后代。不然又会像以前一样乱七八糟，这实在是不好，非常不好。

是否孝敬父母的标准，是根据子女的实际行为来进行判断的。不是简单地做给别人看，也不是单纯地做给父母看，应该发自内心，做给自己看。看看自己有没有尽心尽力，有没有需要改善的地方……

随着年龄增长，我们要懂得孝道的本质是自己仁心仁性的显露，这也是人跟动物区别的地方。激励自己、珍惜自己、爱护自己，这些全都是以孝为本，要我们大家用心去感悟。

“知恩必报”乃仁之本

“知恩必报”是人类的大礼。这是人跟禽兽的区别所在，也是人性中的最高尊严。很多现代人只知道小礼，却忽视了知恩必报的大礼。大家满脑子都是“义务”“权利”，计较的都是“个人利益”。但利益有限，而人的欲望无限，就要以无尽的欲望分取有限的利益，这时当然要争，还是非争不可。

老子曰：圣人之道，为而不争。圣人的道理，在于不争夺而施予。老子的用意是在提醒我们：每个人刚出生的时候，除了身体外一无所有，现在得到的所有东西，也都是身外之物。人类倘能得此觉悟，大家都放下彼此的私心，不去争权夺利。那人类将多么安宁，世界将多么美好！

父母和子女都是活生生的人，但由于大家所处的不同环境，心情难免会有差异，产生不愉快，甚至是剧烈的冲突。为什么我们常说“清官难断家务事”呢？就是因为自家人都难以摆平的事情，即使外人有能力恐怕也难以论断别人家的事。

天下无不是的父母， 这句话应该用来提醒为人子女的人，即使父母生前真的有做得不对的地方，父母亡故后也应该忘掉这件事，不要再提。若是在自己心目中，父母真的“无不是”，只留下与父母间美好的记忆，让自己永怀感恩的心情，何其有幸，何其愉悦！

“礼”重视的是实质不是形式。葬礼的本质是对亲人永远的感恩和怀念。然而，实际的情况真是这样吗？在人未死前，殡仪馆便争相开始抢生意，连逝者的子女也用心谋划着遗产的分配。父母尸骨未寒，即使再多的法事、再大的场面，又有什么用呢？

若父母生前便已做到了“克己复礼”，子女身中不留半点习气，自然用不着任何排场和形式，便可以灵性上升，安心回家。殡葬的礼仪，意图是增加丧事的庄严性，让逝者获得安慰，就是我们常说的“以慰在天之灵”。

古代人在服丧期间，会尽量多做一些法事，相当于送终。实际上，对逝者最合适的应该是入土为安。凡事以“德”为主，如何合理出殡应该由家人协商决定。

我们从哪里来？至今都没人知道。我们死后会到哪里去？连科学也不能解答。生活最好的态度，应该就是“既来之，则安之”。既然生而为人，不管是苦或乐，不论幸或不幸，都要好好地做人。

人能活多久，就要活多久。中华民族不认同自杀，这点和西方是一样的。我们都认为轻生是一种不重视生命的行为，既对不起家人和社会，更对不起自己。实际上，我们共同的愿望是“求得好死”，也就是毫无愧怍、心安理得地离开人间。

父精母血创造了我们的身体。我们要懂得知恩必报，要好好爱护自己的身体，趁着身体健康的有限岁月，好好锻炼自己，从修身、齐家、治国以至平天下，都要以提升道德修养为主要目标。

不同的情境下，就要接受不同的挑战，我们

可以采取变易的方式和方法来修治自己。时常提高警惕，务求心安理得。争取做到“生无忧而死无惧”，便是活得有价值，而不留遗憾。

人有三个要素：性、命和形。我们各有其形，也人各有命。虽然人的形和命各有不同，但我们的性却十分相近。《三字经》曰：“性相近，习相远。”意思是相同的本性，即为人性。在不同因素的影响下，我们产生不同的命运，随即造就了不同的形。

先天的性，加上后天的命和形，构成了我们的一生。我们能完全掌握的，其实只有“不二过”。若是犯了过失，需要立即自行矫正；一切都要靠自己，因为别人压根帮不上忙。人要改过，只有自己亲自去改才会有效果。

孔子心目中的贤人不是不犯错误，而是犯错后能自行改正。只要立志肯改，每个人都能得到自己想要的，人人都可以成为圣贤。

每个人都有家庭，也有子女。就算个人的人微言轻，其影响力也只限于家庭，我们也应该好好教养子女，使其养成良好的行为习惯，起码成为一个重视品德修养的正常人。为了达到目标，为人父母必须严格约束个人的言行，使子女在幼时能耳濡目染，奠定做好人的基础。

真正的品德修养就是为仁之本的孝敬父母。我们知道：孝是形的本，也是命的根。一个人想要有好命、美形，唯有“复性”一个路径，即早日修复自己的本性。我们现在喜欢提“自信”，其实应该更正为“自性”。自性是天性的意思，也就是仁。

现代人最大的不幸是用不正确的观念来保护自己的身体，非但不能维持健康，反而造成无尽的伤害。为了让身体享受，放弃了自在、轻松、自得又悠闲的生活。这种舍本逐末的做法，就是在自掘坟墓，非常可怜！

原本发展科技是为了人类生活得更好，却不知为了发展科技，人们不惜破坏生态环境，来不断竞争，害得数不清的人过劳死。从前只是创造、发明的人过劳死，现在却连使用、制造的人也一并过劳死，这是一件多么可怕的事。

人们必须关注的警语应该是“人类终将死于科技”，而不是故作紧张或妄言的狂语。现在的年轻人好静不好动，年纪轻轻便死于连续熬夜玩网络游戏，这又是谁的罪过呢？

圣人从来都不会提出具体的标准，他们能考虑到每个人的情况不同、处境不同。我们常说“诚心就好”，便是有权有经，有原则能变通，凡事量力而为，保证每个人都能做到。

有心孝敬父母的人，一抬手就有成果，一举足就能跨到孝的领域。要不要孝敬父母，只在欲与不欲的一念之间。对于孝道和孝亲的说明已经至此，剩下的便是个人的实际行动了。我们不鼓励，也并不勉强。孝不孝，全看大家的欲或不欲。

“可欲不可欲”是由我们自行选择和决定的，而“欲或不欲”也由自己完全掌控，那么，把“要不要孝敬父母”当成求仁得仁的起点，就是我们求仁的第一步。这一步跨出去，就进到仁的领域了。

借由每日的自省，来观察自己有没有言行的缺失。若是有缺失，用不着悔恨，改正就好；倘若没有，自然心安理得。根据实际行为的考察，促使自己越来越明白“敬”和“孝”的真谛，并且中途不能止步，以便养成良好的行为习惯。

一旦成为习惯，就可以怡然自得，恢复自性。只要不放弃、不灰心，做事始终如一，便是这一生中的最大收获。即行即知，请从此刻开始！

人不为己，天诛地灭

我们经常觉得有压力，越来越大的压力，导致我们逐渐失去了健康的身体，压得我们喘不过气。是谁给我们的压力？是我们自己给自己的。

抗拒外来的压力很容易。比如人家骂你，你可以选择不听。为什么要听呢？听别人的骂就会生气，不听就不会生气了。正所谓“非礼勿视，非礼勿听”，凡是不应该看到的，就别看；凡是不应该听到的，就别听。这就在保护自己了。

别总紧绷自己的弦，让自己没有过度的压力，比任何健康疗法都有用。无论衣食住行，只要你起心动念，就等于给自己增添了压力。你羡慕别人开豪车，羡慕别人住别墅，羡慕别人穿漂亮衣服，要是你一直以这种心态来生活，那就糟糕了。

人们都比较容易忘本，我们走遍了全世界，除了中华民族，就没有别的民族会把“孝”当作一个德行。为什么这样？原因很简单，西方人把有些话错误地进行解释，造成了现在的样子。

若是这几句话不能正确理解原意，他们将永世不能改变。想想他们相信什么话？“信我者，得永生。”如今，很多中国人也相信这句话了。外国人相信，我无话可说，因为一旦他们解释错了就很难改。但中国人相信这句话，我就觉得心里很奇怪，难道他们不懂中华文化吗？“信我者，得永生”，那个“我”指的不是上帝，指的不是耶稣基督，而是指自己。

佛教说：天上地下，唯我独尊。那个“我”指的也不是释迦牟尼。若是的话，那释迦牟尼真是妄自尊大。这里说的“我”指的也是众生自己。若是大家都能本能地想：对，正因如此，我才要自我，我才强调个人主义。就又糟糕了，因为你已经陷入自我主义的无底洞，无法自拔了。

“我”是告诉你：作为一个人，你要追随自己内心的声音，而不是听从别人的话。你要成为你自己，而不是成为别人的奴隶。这时的你有两个选择：一个是自主，一个是他主。无论你选哪一个，都没人有权干涉。

中国人非常强调自主。我就是自己的主人。即使这样，难道我就不听别人说的话了吗？不，我还要听。我要听天的话，因为没有天就不会有我。如果连我都不存在了，我还如何自己做主？但是天离我们那么远，还从不说话，我该如何揣测它的意思？

这时，就需要我退一步，我听老祖宗的话。因为没有老祖宗也就没有我。跟天、地、祖宗最接近的就是我们的父母。理解了这点，你就知道，我有这种思想的原因了。

道理不是随意拿来喊口号或者随意拿来做借口的，若是如此随便，中华文化也就不能形成了。儒家就发展出两个字：慎独，要珍惜自己独处的时光。但是，我们又把“慎独”的含义错误解释了。

“慎独”不能解释成：当没有别人监视你的时候，当你自己独居的时候，你就可以为所欲为了，就可以随意放肆了，就认为自己拥有绝对自由了。这种想法最终会害自己，一旦养成习惯以后，即使有人监督，有人在你身边，你也很难控制自己。

“慎独”的意思是你要谨慎地保留自己独特的地方，这个独特之处就是你称为人的地方。善于自我成全，才是生而为人最伟大的地方。

大家都知道“人不为己，天诛地灭”，这句话也被我们当成做坏事的挡箭牌。这合理吗？完全不合理。老祖宗一直在告诉我们：做任何事情都要合乎道理，要讲究道理。

可是，这种不合理的话也流传后世，我们就明白不是这句话有问题，而是我们有问题。我们的问题在哪？错在没有正确解释这句话。

人不为己中的“人”不是指你个人，指的是所有的人，指的是全人类。“己”也不是你个人，而是为人的本性，也就是人性。“人不为己，天诛地灭”真正的含义是：假如人类不了解人以为是人的本性，假如人类不能坚持人性，就会天诛地灭，人类就会逐步毁灭了。

不要小瞧我们的老祖宗，以为他们在讲废话？实际上是我们把它错误解释成废话了，然后再继续荼毒后代，导致世道越来越低落。我们很多人是没有资格当老师教书育人的。这样误人子弟的人有什么资格当老师？只是教坏了孩子。

每个人都要善于反省自身，知道自己哪里有错，然后改正，这是第一要务。别人有什么事、要做什么，都要自己做主，跟我们并没有关系，这才是自主的真正含义。

作为人，第一个要记住的是：父母生出的我，若是没有父母我就不会存在。因此，孝才是人类的天性。可现在的年轻人，对于说孝是天性的原因，完全不知道；为什么要孝，也不甚明了。这是因为人已经不为己了，也就是说现在的人已经不记得自己是人了。

中国人刚生下来，就背负着两个字——责任。中华文化中最珍贵的部分，也是责任。孩子出生后，父母立马就有了责任。外国人看我们某些行为的时候，会觉得我们很可笑。比如刚刚生小孩儿，马上就想：我们要不要搬家？为什么你们要搬家呢？中国人懂，因为我们想让自己的孩子读好大学，可以进清华，可以进北大。

外国人的想法就是我们没必要长远地考虑未来的事情。可是不想得长远还算是中国人吗？外国人都嘲笑我们的想法，但这就是中国人的责任。

外国人不讲究责任，他们只讲义务、权利，如何承担义务、争取权利，一辈子就这么潇洒地过去了。很多人都追问过我：老天是不是爱虐待中国人？它赋予我们这么重要的责任，做什么？我再问你，我们是在哪里找到自己的职责的？

孟子曰：天将降大任于是人也……“是人”不是指某个人，而是指天要将重大的责任降给中华民族。这也是中国人修身、治国、平天下的原因，这是属于我们的责任感。

外国人理解的平天下就是侵略别人。我们平天下是为了大家好。你看我们侵略过哪个国家？今天我们看不懂中华文化，为什么老在取笑它、诬蔑它？还是讲得很清楚的那句话“人不为己，天诛地灭”。我们始终把这句话当成自私的挡箭牌。

人要是做事情不为自己，那还了得？我们被这句话误导了2000多年，历代的先哲都知道它的真正含义，但为什么不敢讲出来？这才是我没法解释的地方。

我们要时刻牢记：世界上不是只有我一个人。我一个人活得怎么样，根本没人在乎。我们总爱说，如果某某不在的话，我们就全完了。其实就算他不在了，我们还是可以活得好好的。

是不是某某在这件事上发挥的作用很大？不是，我们这么说是尊重他，给他面子，并不是发自真心的。历朝历代都是这样，皇帝过世称为驾崩。“崩”是指大家全都要崩溃，最好大家都不要活了。

我们要从实际的方面探讨。比如皇帝驾崩后，很快便有一个小孩子登基，天下好像又变得安定了。那登基的小孩子才几岁，他懂什么国家大事？但你看，天下就是安定了。

第五章

家庭对我们的影响

养成良好习惯的启蒙

要经常反省自身：我们的问题出在哪里？答案就是自我。现代人太自我了，每天高喊：我要独立！请问你有什么资格独立？你有什么资格跟别人有所不同？

也许你会说西方人就要求个人独立。可等你去西方看看，你就会知道西方的老人非常孤单。他们的人际关系是彼此疏离的，谁都不在乎谁，谁也都不管谁，这就是“自我”的恶果。

现在学校都在学习英语，其实学英语是一件很简单的事，也不用花大价钱去补课，你只要到纽约的公园找一个老人，跟他聊会天就学到了，而且都不用花费一毛钱，为什么这样呢？国外的老年人整日坐在公园，希望有人能来和自己说几句话。为什么美国的老人更容易生病？就是因为他们孤单寂寞。

假如你是从石头缝里蹦出来的，你就可以讲

个人主义。但如果你是在亲情的温暖下成长的，“上天有好生之德”的具体表现就是你出生后最初的八个月是非常宝贵的时间。

老天知道，大部分的人还没有准备好如何做一位称职的父亲，就糊里糊涂地作为人父；大部分的人，还不懂得如何做一位称职的母亲，她就生小孩了。我才会说小孩刚生下来的前八个月，无论父母有什么举动，都不会对孩子产生任何影响。

上天就是给刚成为父母的小两口八个月的准备时间，让他们摸着石头过河，积极寻找培育儿女的方法。等到八个月后，父母的一言一行、一举一动，小孩全都知道。孩子在小时候就接受你的影响，若是不好的影响恐怕孩子会持续一生。

为什么大家都说“三岁看大、六岁看老”？正是这个道理。我们从小养成的习惯会一直到老，中途发生变化的状况少之又少。人最重要的，便是不要养成坏习惯，而不是时刻改变自己。现在我们都说要改变自己、改变别人，都是没有用的举动罢了。

若是我们从小就培养好基础，就不会再担心是否要改变自己的问题了。比如盖房子，只要你把地基打得稳，沿着地基盖上去就可以了。但如今的人，等到盖到13楼才猛然发现：糟糕了，原来地基不稳！可是有别的办法吗？并没有。

美国越是优秀的学校，它的正门修得越漂亮。你有空到后门看看，地上都是烟蒂、废纸等垃圾。老师禁止学生抽烟，这些学生就躲到后门抽。老师管得越严，学生们的反叛性就越强。这些学生只是在家长、老师面前表现得很好，一转身就原形毕露了。

在英国的时候，我经常能看到英国的小孩子，他们在家里乖巧、听话。不在家长、老师身边便恶性大发，甚至连电话亭都敢砸坏。他们的孩子不少是人前一个样子，人后一个样子。

我要感谢我的祖父，因为我从来没有喝醉过。在我5岁的时候，祖父给我灌酒，我被他灌醉了。等到我十几岁的时候，祖父跟我讲：“你这一辈子都不会醉酒了。”我很好奇，连问原因。祖父说："早在你5岁的时候，我就把你灌醉过。在潜意识中，5岁的你就知道，原来喝多了酒这个东西会很难受。但我告诉你，我把你灌醉的原因不是这个。我是想看你酒醉后有什么样的酒后德行？我要事先告诉你，免得你将来到外面因酒闯下祸事。"这就是启蒙。

为什么我们对启蒙老师尤其看重？若是第一任老师就开始误人子弟，任凭后来有多优秀、多智慧的老师来教，也很难改正过来。因为你已经习惯这种处世方式了，要是第一次没有做对，后面想改正并不是一件容易的事情。

正因如此，明事理的父母会先给孩子创造一个相对安全的环境，不会让孩子刚开始就接触过多的东西，尽量保护孩子的童真。等他长大再每次教他些，否则一旦形成了坏习惯，想要补救就来不及了。现在的年轻父母到周末就开始盘算着要带孩子去哪玩，美其名曰为了尽自己为人父、为人母的责任。可实际上呢？其实是为小两口想去玩找的借口。

也许前不久你刚买辆车，如果礼拜天不开出去显摆一下，那为什么要买车呢？根本就是小孩陪你玩，哪里是你陪他玩？完全是孩子陪着你受罪。孩子那么小，就把他关在不大的车子里吸收二氧化碳，他会茁壮成长吗？

一个贫穷的人要自己想办法改变现状，不去想办法改变，就活该贫穷下去，这不是有没有同情心的问题。中国人有很浓厚的同情心，我们也懂得正当方法的重要性。中国人在考虑事情的时候，会长远地考虑很多因素。

你经常帮助一个贫穷的人，他永远不会改变，永远得过且过，也就永远没有未来。为什么穷人的小孩很争气？就是因为他环顾四周后，发现只有靠自己奋斗才能改变自己的命运，怎么能不争气？

胡雪岩就是因为妈妈的一句话变得奋发进取的。胡雪岩家里非常贫穷，他曾经跟妈妈讲：我们家不能永远这样穷。最后他咬紧牙关硬生生拼出一条血路，最后富可敌国。

人不被逼到最后关头，是激发不出潜力的。当然，我们也不能人为地制造紧张气氛，比如战斗演习，这些都是表面文章，都是在骗自己。若是你真正置之死地而后生，自然是会活下来的。

中国人的适应能力、动脑能力、生存技能，敢说天下第一。把中国人放到全世界任何一个恶劣的地区，这个人都能好好活下来。可是外国人到中国就不同了，他们总觉得这个不对、那个也不对，任何环境都很难适应。

若是老人能善于转换观念，时常惦记着：我年轻的时候太忙了些，没有时间读书，不明白道理；如今退休了，又没事儿做了，那我抽出时间就多看些书吧，虽然已经来不及教育儿子了，教教孙子也挺好。老人要是这么想，他就是家中一宝。

恰恰相反，现在的老人都想着：儿子已经把自己的孙子惯坏了，我也没有办法。这种老人就是自暴自弃。一个人活到老、学到老，不是单纯地为了自己，而是为了尽责任。再者，作为家中的老人，不能让子女说你完全不了解世界的变化，被子女瞧不起。

老人可以替第二代分担第三代的教育。毕竟子女的人生阅历没有我们丰富，也没有我们的经验多。

我们要靠自己改变，不要想着依靠别人。尽管中国人的家族很大，但也不能过度依赖家里人。我们不能片面地要求别人怎样做，中国人是无法依赖别人的。

我们清楚地知道，中华文化有其独特性。而且我认为，中华文化是全世界最高明的文化，只是因为现在中华文化被大家误解、被污名化了。

我讲个大家听了都会笑的事情。我们中国人最擅长推、拖、拉三种处世技巧。所有的管理精髓，就在推、拖、拉三个字上。现在我们听到推、拖、拉，就不停地骂。原因就是骂的人并不理解这三个字的奥秘。

推是什么？就是将事情推给最合理的人。假如你的能力还不能完全胜任这项工作，最终的结果是你把工作耽误了，而能做的人却没有办法做。因此，我们要把工作推给能做的人。推的含义不是乱推，而是推给合理的人。既然这件事情上他比我有把握，他比我强，那就放手让他去做，推给最合理的人才是最好的解决方法。

什么是拖？就是拖到最合适的时间。如果时间点没到，无论你付出什么努力都没有用。凡事能拖便拖，不要着急。光着急有什么用？一个再好的东西，若是市场还没有成熟，就不合时宜地推出来，结果肯定是亏本。

也就是说，你拥有了某样技术或者产品后，若是还没到最佳时机，就先不要着急发布，等到时机成熟了，你再发布。拖到最合适的时机，最后才能取得最高的效益。因为你刚推出来的时候就是收获最高效益的时候。

人对了，时间对了，有什么不好呢？看看《三国演义》里的诸葛亮。诸葛亮曾六出祁山，人是对的，但是时间不对，结果怎么样？始终没能达到自己的目的。

这就是明知不可为而为之，最后得到了一个

坏的结局。诸葛亮回去的时候说："汉室气数已尽。"这是一句真话，就算有100个诸葛亮也无可奈何，改变不了什么。

孝是一场累世的修行。累世是指祖先几代积德，才会得到孝敬、懂事的子孙。即使子孙真的不争气，长辈也不要责怪他，责怪也没用，最后还得怪你自己。

长辈在积福，后面子孙怎样我管不着。我连自己能活几年都不知道，还有心力管他们的事情？即使科学再发达，也无法检测出每个人的寿命长短。

孝可以让我们从穷变富，孝可以让我们活得很充实，孝也可以让我们富过三代，而且彼此都没有怨气，全家人都很和乐。至于子孙能给父母多少回馈，将来能否功成名就、光宗耀祖，这些都是可遇不可求的。

我一直强调：我们追求的一向不是公平，而是合理的不公平。天下没有绝对公平的事情，世界上不存在绝对的公平。到现在我们还一直期望着那些并不存在的东西，那你的孩子怎么办？他开始变得不长进，最后还谈什么前途。

中国人比较重视有所不为，而不是有所为。现在很多人理解的有所为，就是乱来的意思，最后事情都变得没有章法，没有准则了。

说实在的，人很难有成熟的观念。比如十年前的看法跟十年后的看法，肯定是完全不一样的。十年前的你思想并不成熟，再过十年，你的思想会发生变化吗？

我希望大家都有现代人的孝道表现。孝道不是言辞，孝道是人们的行为，孝道不讲道理，孝道讲如何表现，表面上是看不见衡量孝道的标准的。

父母对你有什么感受？只有父母知道，但你又不能当面问："妈，我这几年表现还不错吧？"你让妈妈怎么回答呢？她只好苦笑。这种问题能直接问吗？"妈，我买的东西你还喜欢吗？"能直接问吗？

我们要做一个现代的中国人，要做一个现代的人，我们就必须把现代中国人的孝道发扬出来。

不顺的事情如何变得顺利

当我们的社会地位越高，影响力越大，有越多人倾听我们演讲的时候，我们越不能掉以轻心。一个不是公众人物的人，说什么就罢了；一旦成为公众人物，其行为举止就要格外检点。

我们的文化不容许公众人物说："对不起，我犯了全天下的男人都会犯的过错。"我非常讨厌这类话，因为你把我也包括进去了，全天下的男人有那么多，你自己做错的事情，为什么还要牵连别人？

碰到一些学传播的学生，我都会问他：这辈子，你打算害死多少人。若是不讲究孝道，心里没有主旨，甚至自己都没有想法。任何人从事这个行业，都是一件糟糕的事情。

忠诚于你从事的职业，就是你对这个行业尽孝的表现，这也是孝的一种。所以，我们要时刻想到自己的行为会对别人产生怎样的影响，这才是我心中有你。

还有一种拜物主义的人，看到女孩就喜欢，看到什么都想要。老祖宗已经清清楚楚地说了：人类迟早会变成物质的奴隶。但凡有一件物品被发明出来，我们就变成了这个“物”的奴隶。比如本来人类社会是没有货币的，自从货币被创造发明后，人类就有了拜金主义者；本来人类也是没有电脑的，但当创造出电脑后，人类又变成了电脑的奴隶，时刻离不开电脑。如今，人们又变成了手机的奴隶，好像没有手机就不能生活一样。人们现在还称得上是万物之灵吗？

科学的目的、发明的目的，都是为了帮助人类，使我们的生活更愉快、更方便、更安全，可现在的结果却适得其反。

每次我在机场通关的时候，都会有服务人员问我：“有没有带电脑？”一般我都不回答。我为什么要带电脑？难道没有电脑我就不能活着了吗？“有没有带手机？”我也不作声。为什么我要回答你？搞得每个人都应该带着似的。

对待别人要懂得将心比心。不能经常站在自己的立场思考问题，要时常站在对方的立场想事情。若是做不到将心比心，就是对中华文化的不孝。

孟子没有办法改变，只能降低要求。他只说有三种情形是不孝的，也就是“不孝有三”，其中最大的不孝是什么？“无后”。尤其古代的一个人不生孩子或者没有生个儿子，那他真是个混账。

我们这辈人看这种事情是看得最多的。有些人第一胎生了女孩，赶快生第二胎，假如还是女孩，接着生，第三胎又是女孩，就要挣扎好久，认真考虑下还要不要接着生？不生是不行的，生不出男孩就没有传宗接代的人，一直生下去，总归会有一个男孩子。

很多科学家现在都没有这种概念，也是一件非常麻烦的事情。为什么小孩子没有成为专家、没有成为专业人士前，家长要先培养、先铺垫其传统文化的观念？

要在他的心中深植孝道，然后再去发展特殊的职业？只有先懂得了孝道，孩子才会明白如何选择他的方向，孩子要如何有所不为才可以有所为。有所为要摆在后面，有所不为一定要摆在前面。

现在我们不是这样，什么有所不为？有所为都来不及，有这种想法的人类已经非常危险了。人类会不会毁灭，不是天在决定，是人在决定。天不会让人类灭绝的，为什么天要让人类灭绝？我们都听过一句话“上天有好生之德”。老天不会做坏事，只有人会不断做坏事。

因此懂得孝道的人也懂得：任何事情统统都可能会变成好事情。以至于我们把“孝”跟“顺”连在一起，成了对父母要“孝顺”。

相信很多人都有这种亲身体验。孝顺是什么？就是对父母尽孝后，你做事情就顺了，这叫孝顺。而不是指凡事都要听父母的话，自己不能违抗父母的任何命令。这个区别非常重大，也非常关键。现在，我们都被“孝顺”给误导了。

人们孝敬父母，实际上对自己是最有利的，它会让你的一切事情都变得顺利。否则孝道也不能流传后世。

老天是最公正的，你看当一碗水倒满的时候，水一定会溢出来。不用别人再做什么事情，因为满则必溢。当你赚得盆钵满满的时候，一定要想到别人；若是你没有想到别人，你就是不孝顺的。从这个角度慢慢想，你就能感觉到：我们的老祖宗的智慧实在很高深。

有感化作用的孝道

庄子生在周室衰微的时代，那时的中央集权逐渐趋于地方分权。百家都在说片面的道理，又都认为自己才是唯一完整的学说。如果放眼看现代这种情况，岂不比庄周时代更加混乱？

人们尝试用“多元化”，美化“混杂化”，并且还把它当成理所应当，这才是现代人自作自受的无奈。如今人们作茧自缚，貌似都要比古人厉害得多，而且将自己缚得牢牢的，露出一脸无助的样子。

难怪庄子感叹道：后世的学者，不幸不能见到天地之纯美、古人之全体，道术将为天下人所割裂！果然现代人看到的是支离破碎，丝毫不见效果，却天天高喊整合。

西方文化近400年主导的结果，就是现代人很少知道还有道学，或者更相信科学。只知道契约和法律，却不相信真的有感化作用的道德。

难道事情发展到这种地步，我们只能坐以待毙，毫无办法吗？其实不是。一旦我们明白西方人做学问的方式是一步步摸索着前进，就不难理解他们主张“吾爱吾师，吾更爱真理”的原因了。

西方人刚好和我们做学问的方式相反。古圣先贤一下就把宇宙人生的奥秘参透了，才“一画开天”便完整地将它呈现出来。也只有这样，中华文化才有资格要求大家“畏天命，畏大人，畏圣人之言”。只要现代人以敬畏的心情来敬畏圣人的言论。我们有了敬畏的态度，就已经收获了相当大的福气。

做人要规规矩矩、实实在在、长长久久，对周围的环境及时应变，这才是中华文化。这一次读《孝经》，不是要恢复到从前，这是做不到、行不通的，而且没什么必要。然而，中华儿女最珍贵的文化基因就是孝敬父母，我们必须赋予现代的生命新的责任。

发挥诚心感化的影响，先从自身做起，再对“孝治”章用心领悟，再对“天下太平、祸乱不作、灾害不生”寄予厚望，同时对“四国顺之，有觉德行”有更深一层的感受。在不知不觉中，我们便能与圣人心灵互通了。

我们会说地震，从来不会说天震。因为天的震动无形可见，而地震有形态可察，我们把天震称为“天雷”。对人来说，震形成一种恐惧；对天来说，震是一种威力，我们常常说天威难测。若是人能畏天的威力，就不敢不自行修身了。

若是对简单易明的道理不懂得敬重，那就是对不起圣人，看不懂圣人的良苦用心——将道理说得简单易懂，导致自己对圣人失敬便不能致福，是不是也没有对得起自己。

虽然“明”跟“名”同音，但是意义大不相同。“明”代表公正、贤明、无私，其光辉像太阳一般普照着大地。而“名”代表著名，其远近驰名、声名洋溢，不如太阳恒久却不失其光明。我们要的是“明师”，而不是“名师”；人民百姓要的是“明王”，也不是“名王”。

由此可见“名”不如“明”，因为实至名

归、名实相符的要求实在很高，不是很容易做到。现代人喜欢名人效应而追名逐利，实在不是明智之举。孝敬父母不能存心用来出名，不然反而变成大不孝，最后虚名被揭穿也是早晚的事。

具有延续性的孝，可以从父母生前一直延伸到父母死后，这是多么感人的孝思，多么深厚的亲情！我们孝敬父母，不但是感念父母生我、育我的恩情，而且要将父母乃至列祖列宗的文化成就及精神生命一脉相承，继续将其发扬光大。

我们经常说生生不息、香火不断，表示一方面向上对列祖列宗有所交代，另一方面向下对子孙后代尽责任，让自己成为子孙与祖宗之间最关键的枢纽。这才是"我"价值的体现、"我"责任的付出。倘若自我意识有这样的内涵，岂不是很高明？

想要改变现代人的困境，最基本的方法仍是从父母开始，通过明辨自己的责任，延续孝道的命脉。父母不但作为子女的第一环境，还是子女最为安心、最为信任的首要仿效对象。父母实践孝道的话，子女也会遵循渐进，逐步习惯而变得自然。

遗憾的是现代的父母大多秉承着“重慈道而轻孝道”的观念，这种以“无父无母”为理想婚配对象、视“养儿防老”为落伍的观念，令人很难想象出来。若是能尚知自省，便能立即明白有《孝经》而没有“慈经”的真正原因。古人的高明之处，实在是现代人赶不上的。

但有一种人的心态是知道自己有子女，不记得自己还有父母，这种比“养儿防老”的观念更要可怕。“养儿防老”，是用来提醒为人子女要有基础的责任感。至于子女能养到多少，而父母又能防多少？没人能提出一个标准，所以即使做不到又能怎样？

父母宠爱子女但又让子女效仿自己的不孝，会导致什么样的后果？找不到可用的关系，是父母无能；赚不到钱，也是父母对不起我，令我有志难伸、壮志难酬。纵使有千错万错，也与我无关，都是父母的错。这样不孝，还配得上称为人吗？

最聪明的做法是趁着父母尚在的时候，早日实践孝道。不仅全家和乐，自己也能顺势成长、身心健康，这才是全家人最大的幸福。

贯通天地人三才的孝道

《易经》教会我们的观念是三才，即把眼睛能看到的范围分别称为“上天”和“下地”，把天地的动植矿物合并起来，以人作为代表来凸显“人是万物之灵”的特殊地位。这不是“人类沙文主义”而自我抬高身价，但实在加重了人类的责任。

除了动植矿物的本能外，天地赋予人类的还有可贵的“自主性”和“创造性”。同时，老天为了避免人类过分得意忘形、欲罢不能、轻举妄动，才给人们加上适度的“局限性”。老天寄人类以厚望，期望我们能赞天地之化育、做事情顶天立地，襄助它们逐步完善，将这个世界打造成人间天堂。

关于孝道的实际效应，孔子在很久就已经说得很清楚了。但人类愚昧到宁可相信没有那么简单，喜欢钻牛角尖、认真仔细的研究，自认只有这样才显得自己既有专业精神又具有学问。

孔子的至理名言，即使过了2000年的时间，仍能一代代地流传，却有越来越少的人真正相信并为之付诸实践。

更严重的问题是现在的人随便修改成语。成语是语言的精粹，它是千百年来积累的文化精华。为什么中国人说话时三两句一点，别人就听懂了？正是因为用成语来表达我们想要表达出的含义。现在不同了，大家都在乱改成语，真是一件糟糕的事情。

好好利用成语，能在短暂的时间内表达很多含义，若是将这些成语都乱改了、都丢掉了，那下一代人要讲一句话，估计都不晓得怎样才能讲完。没准等你把话讲完了，人也跑掉了，那还能做成什么事情？

很多人习惯把“即使”说成“即便”，可是“即便”是什么意思？它的意思是你这个人随便，做人做事能随便吗？不能。所以当我听到有人提到“即便”的时候，就不会再听他说话了，连如此简单的词语都能说错，估计也说不出什么好听的了。

我只要打开电视，听到“即便什么”“即便怎样”，我就会立刻关上电视。一些语言不要乱改，有些内容不能改就是不能改。好不容易让大家有一个彼此沟通都很方便的工具，却把它改掉了，这就是对中华文化的不忠，对民族的不孝，而且还是大不孝。

地道重刚柔，天道重阴阳，人道所重即为仁义，此乃三才之道。孝作为仁的根本、人道的基础，就是孝敬父母。这是世界上亘古不变的真理，不能因为现代人鼓吹求新、求变，就将它变得面目全非。孝道也是人们必须共同遵守的法则，不能借着赚钱的理由，因为不分昼夜地忙碌就将孝道抛之脑后。

古圣先贤向来以身作则，用祭拜天地、孝敬父母来教化百姓。而古代君王也提倡以孝道治国，都收到了良好的效果。但是随着时代的一点点进步，为什么孝道反而越来越行不通呢？

我觉得主要原因，就是严父的尺度一代比一代宽松，我们还觉得作为父亲的自己比上一代做得开明。殊不知一放松，想要再收紧实在是格外的困难，以致局面一发不可收拾，只好自我安慰，借口说：民智大开了，时代不同了，其实就是自欺欺人罢了。

孝道只有与时俱进，才能合乎自然的规律。其中与时俱进有一个必要的条件，就是“持经”才能“达变”。若是“经”不能抓紧，那么“权”变起来就容易乱变了。尤其是近400年来，因为各种各样的原因，“经”已经乱掉了，我们只知道用来赚取功名、应付考试，实际上很少有人能做到。我们不但不检讨自己，反而将责任推给古圣先贤，岂不荒唐?

明明是自己食古不化，却责怪古人的思路欠宽阔、视野太狭窄。总之怎么说，都是别人不对，自己没有任何错误。

就像每个人都过分强调诚信，使学生考试时以老师的标准来得到成绩，考完试后又全部还给老师，什么都没有带走。现代更便利，想知道什么事情就上网搜索，至于事情是真还是假，根本没人理会。

孝顺也是这样，总之父母说得都对，反正等到自己长大后，想反转、改正还来得及，现在年龄还小，怕什么？小时候要依赖父母的照顾，自然要孝顺。等自己长大了，父母管不住时，自己自有良策。这就是假的孝顺，居然还能骗得父母在邻居面前不断夸奖自己。

第六章

《孝经》中的「五孝」

出于至诚的平民之孝

人类有所恶，也有所好。好恶乃是人之常情，是很难避免的问题。通常广大人民大多好利，而上层人士则好名。

人生来便有上、中、下之分，对中等或中下等智慧的人而言，最好依循孔子说的“或利而行之，或勉强而行之”的方式；对上等智慧的人来说，可能“仁义”才是最有效的。

庶人孝的主旨，在于天时、地利诱导人们善尽孝道，好好奉养父母，并因此养成了许多优秀的生活习惯。

本来子女奉养父母是天经地义的。自从西方人的观念传过来，他们宣传的个人主义在我们对其一知半解的情况下输入，造成现在很多年轻人有着支离破碎而扭曲的观念。还有人觉得养儿防老是一种基础投资报酬的规则，完全置子女的孝心与父母的慈爱于度外！

父母不是要求子女报答自己的养育之恩，我们华夏子孙的信念是“施恩不望报”“受恩不忘报”。父母关心、爱护、教养子女，是生来具有的亲情，不会产生“先前给子女的，等子女长大后要回来”的观念，和投资报酬完全扯不上关系。

我们期盼着子女能体悟到：父母的生、养、教、育的恩情，这是为人子女一辈子都无法报答的。给父母养老不过是子女在善尽自己的孝心，尽心尽力罢了。奉养父母只是最低限度的报答，实在没有报恩那般大。

由此可见中文的弹性是很大的，站在不同的角度，就会产生不同的说法。比如常讲的“很难讲”，就可以随时得到印证；如果有人说“看你怎么讲”，便是因为立场不同，产生不一样的说辞；至于“随便你讲”这句话，可以解释成：由于每个人受到时空的限制，没有办法完整地呈现，只能说出片面的道理。

每一种说法的不同，其实都在方便说而已，必须包容、谦让、虚心，彼此补充又互相体谅，而不是自己有理便不宽恕别人。

长期以来，“不孝子”的称呼变成了子女对亡故父母的自称。我们以歉疚、惭愧、赎罪的心情，觉得自己还没有为父母尽孝，父母却提前亡故，虔诚地祈求上天将来免除祸患。这是一种情意的互通，而不是迷信。

长久以来，我们一直没能将孝和法律绑在一起，也没将孝道规格化，而是根据法律干预家庭的事务；却说清官难断家务事、做事诚心就好。这就是尊重每个人的价值判断、自主性以及自己的实际情况，完全没有投资报酬的计算，以及义务权利的概念。

诸侯、卿大夫、士与平民百姓的孝道最大的不同，就是平民百姓没有机会担任公务以便显亲扬名。俗话说：身在衙门好修行。这句话是指当人握有资源和权势时，便有更多的机会大孝尊亲。

所以，我们将对平民百姓的期望，安放在谨身节用、辛勤劳动上，以便奉养自己的父母。奉养父母，不仅提供父母的衣食温饱，还应该为父母分劳解忧。所以，“谨身节用”含有“节省费用，才能孝敬父母”以及“保健防病，免得父母忧虑、担心”的重大意义。

说实话，从天子到平民百姓，都应该先从基础的孝道做起，然后配合自己的具体情况，逐步向上提升，拼尽全力朝着“显亲扬名”的目标努力。假如没有经过这样的过程，那就是做事有始无终，想要无祸害、平平安安地过太平日子，就很难实现了。

我们奉养父母，应该尽心尽力为其分劳分忧，应该心甘情愿出于至诚。只有这样，我们对待父母才能语气和缓、用词妥当、态度良好，而且没有不耐烦的感觉。同时，为了照顾父母的情绪，子女必须要学会察言观色。

在父母的身体姿态和脸部表情上，子女要善于寻找到父母隐而不现的一面，一定要随时改善来让父母安心。孔子将这种修养称为“色难”，很多不能言传，只可意会。父母的年纪越大越不会说出内心真实的感觉，为人子女必须要用心细加以辨察，这对提高自己的判断、观察能力也很有帮助。

等我们深入了解孝道的真义以及衍生出的令人钦敬而惊奇的辉煌效果时，所有的对于孝道的责难、疑惑和推托之词，很大概率能迎刃而解，化于无形。在《孝经》第一章到第六章，已经开宗明义说明出孝的作用宏大、地位崇高，又将天子、诸侯、卿大夫、士、庶人等人的责任加以阐明，就可以得到结论。

为了解释大家的疑虑，《孝经》继续推出了后面的十二章，其内容更丰富且篇幅更多的原因，就是要引导大家更宽广地认识、更深入地钻研，以便更加笃实地奉行《孝经》。我们务须学会静心，始终保持着心平气和的状态，持续用心研究《孝经》。我们要懂得人类自救，要从《孝经》开始！

侍奉上级的士之孝

现在说的知识分子就是“士”，也有人更喜欢用“读书人”来称呼士，含有“明白道理”的期待与企盼。想不到知识爆炸、教育普及后，虽然人们获得了赚钱的知识，却不懂得赚钱的道理，这也是大家始料未及的不幸事实。

读书人占总人口的比例不大，因为古代人的读书机会并不多。除了文官，还有武官，但是大多数还是由读书人来出任政府官职。正所谓“学而优则仕”。初级官职的称呼分为上士、中士、下士，以卿大夫的职位为低，其隶属中基层的工作人员。

上面所说的士，并不是军队里的士官，而是文士。文士原本就有追求正道、明白道理、喜欢学习的尊称，可惜当他们变成“士大夫”后，只知考试中举后做官显贵，变成中华民族的“诈骗、腐败集团”，真是配不上“读书人”这等文雅的称呼。而现代人更是令人十分痛心，我们还添加了一份“重人轻己”的自卑感。

孝敬母亲要用孝敬父亲同样的道理，子女对双亲的敬爱应该没有差别。在他们的心中，父亲和母亲应该是一样重要的。但是因为在家庭中，父母的分工不同，难免会造成错觉，使得孩子觉得母亲比父亲对子女更有耐性、更慈爱，也能给予孩子更多生活上的帮助。

在一个家庭中，父母应帮助子女了解，其实自己是有分工的，对家人的贡献也是没有区别的。但是，现在的父母为了忙于讨好子女、争夺子女的喜爱，互相竞争，实际上对子女产生了很大的伤害。

不论孩子偏向哪一方，对家庭分工合作及和谐都无利而有害。让孩子对男女有别、父严母慈产生错误的观念。

亲生父母是生我们、养我们、教我们的生养父母。等我们长大后，在社会担任职务，老板或长官便是给我们提供工作机会、使我们衣食无忧的衣食父母。

若是还有被人领养的孩子，那便有了领养父母。我们要把原先对亲生父母的恭敬，延伸到这些和生养父母具有相近或相似恩惠的人身上，这是不忘根本、明白道理的做法。

当然，在敬意和爱心这两方面的比重，相信不会出现相似的状况。

士的孝道，表现在把对亲生父母的爱心和敬意，转化成对老板或长官的顺从和忠诚。每个人修养的目的是提高自己的人格，便于实现中华文化中对道德的要求。孔子“仁义并重”的主张，讲究仁是合理的仁，必须要合义。

顺从是一种美德，也必须合义，顺从不是盲目的服从，是表现出合理的服从。顺从即无违，要求我们不能违背礼的规范。若是老板或长官让自己做些违法乱纪的事情，自然是不可以顺从的。但是，我们的语气应该和缓，用词也要委婉，态度还要恭敬。

我们要随时随地保持孝敬的基本修养。人生

在世，家家有本难念的经，各有各的难处，做人做事不该得理不饶人。

实际上诸侯、卿大夫、士的孝道相差并不远。每个都在讲求各安其分、各守其位，在自己职责范围内完成“为人民服务”的责任。

实际上现代各行各业都在为人民服务，都要担当自己的社会责任。因此，依据其职务轻重、职位高低，以循序行孝，自行比照，以便可以善尽孝道。

通俗的说法，礼就是规矩。直到后来逐渐扩大礼的范围，将所有国家法则和人事规则都包括在内。国有国法，家有家规，社会也应该有自己的秩序。

将礼和节放在一起称为礼节，以表示为了适应不同的地位、职责、身份，礼的规范必须能应变，要有弹性。个人知所节制，这样实践的时候，才能得到动态中的平衡点。比如原本顺从上级是卿大夫、诸侯和士共同遵守的准则，却又有不可从和可从的分际，这就要求我们用心加以明辨。

古人单用一个孝字来说孝，而没有用孝顺这样的词。有很长的时间，因为孝顺二字连用，我们便误觉得顺便是孝、孝即是顺。甚至引起了大家很多的疑惑，造成很多难以预料的后果，真是做学问的人不求甚解、望文生义、自以为是导致的恶果。

孔子多加倡导“事父母几谏”，即提醒子女不应该盲目听从、顺从父母，免得陷父母于不义。子女尚且对亲生父母这样，对老板或长官当然可以不必盲目听从。但若是自己的视野较为狭窄，且职位比老板或长官低，见识、经验也都不多。因自以为是冒犯了尊长，难道不是自取其祸吗？因此，如何辨别当为不当为、能为不能为、可为不可为，就变成我们自己必须修炼的科目了。一天里要心中念及父母，养成每一件事都思考会不会造成父母蒙羞受辱的习惯，将忠孝结合，以便找到可行的合理点。

扬名显亲是孝的终极目标。前面开宗明义地指出：“立身行道，扬名于后世，以显父母，孝之终也。”学习好的优势是走仕途，其真正用意就在这。但是得了利禄、有了职位，往往得意忘形或者利令智昏，反而做出许多令祖先遭受侮辱，连带父母也蒙羞的邪恶行径。

所以才有了“仕而优则学”，警示我们：有了机会当官，更应该“如履薄冰，如临深渊，战战兢兢”，保持“夙夜匪解，以事一人”的忠诚心态，履行职责，不然白来人间走一趟却一无所获。

以上这些要求，都合乎人性且顺天理。只要我们立公心、凭良心，不计较个人得失，只求自己做人做事无愧于心，相信每个人都能达到。

凡事合理就好，中华民族向来是讲求合理的。法应合理，称为合理合法；情也要合理，叫作合情合理。无论依法、论情，都必须求其是否合理。

因此孝顺也需要合理，顺得不合理必是假孝，顺得合理才是真孝。不顺或顺，都以合理作为标准，在日常生活中我们必须细加斟酌、多加磨炼，务求做事顺得合宜。

为表率的卿大夫之孝

只有依靠圣君才能推行仁政，只要圣君能以身作则，达到“其身正，而天下归之”的效果。只要“能者在职，贤者在位”，便能政治清明，人民幸福。

君王手中有着用人的权利，但是君王未必知道贤德的人，而贤德的人得高位后，也有可能因权力使自己腐化而变成不能也不贤。这时候，贤臣和圣君必须兼顾并重，才能彼此配合，为人民真正服务。

因为不常见圣君，便显得贤臣格外重要。虽然诸侯名义上是人臣，但实际上大多是天子的家族人士，他们的身份较特殊。于是天子设置官职来约束他们，以九卿、二十七大夫来为天子治理国家的事务。通常这些人的官职很高，只比诸侯低一点。

诸侯也按照天子的章程，设置卿大夫。这里

的卿大夫，只指天子的朝臣，所以显得格外的庄重和尊贵。

为人处世，固然动机很重要，但若是看不见动机，便不易觉察到，因此表现出的行为态度，就变成大家用以判断、辨识人品的主要根据。卿大夫的言语、行事和衣着三件容易被人判断和辨识的表象，就成为大家主要关注的项目。

当然一个人穿什么风格的衣服，和这个人的价值观有着紧密的联系。身为卿大夫，最合适的穿着选择一定是先王要求规定的衣着。

当朝的君王通常是先王的亲人，他们对先王的规定本该特别认同。做官的人穿着的衣物，普通人的眼睛很容易便能辨识出来，把穿着当成首要的法则是一件合情合理的事情，自然要谨慎。

言为心声，张口说话时显露出内心看不见的心意，便泄露了自己做事的动机。有些人刚开口就不慎得罪了很多人，若是自己的职位不高，大家也就不会注意，倒也无关痛痒。但是卿大夫职位过高、影响过大，一不小心便容易祸从口出，刚说句话没准就成为“烈士”了，那才难以补救、悔恨莫及。

卿大夫说先王制定的法度言论时，应该更稳妥，不能胡说八道。卿大夫明哲保身的不二法则是“只说妥当的话”。

其中具有直接影响的便是个人行为的表现。虽然每个人都可能有不同的行事风格，但既然是在天子身边，就应该提高“伴君如伴虎”的警觉。

既不能犹豫、平庸以致民怨，又不能功高震主，自寻灾难。在这种“两难”的状况下，最佳的抉择是根据先王制定的道德标准来规范个人的行为态度。

天子的最大责任就是秉承上天的命令，发扬自己的孝道以便感化天下万民。一般很少有人能完成教化的使命。即使是卿大夫、诸侯，都很难承担起如此重要的任务。

《论语·学而篇》曾记载：“慎终追远，民德归厚矣。”意思是通过孝道的教化，普及全民提高其品德修养。孝的务本价值最具体的效果是老百姓记得祭祀祖先，慎行亲长的丧礼，风俗趋于厚道。

群臣的表率是卿大夫，寻常人也没有机会能亲自接触到诸侯、天子，因此只能从卿大夫身上体会到诸侯和天子的形象。大家注目的焦点，便是卿大夫的举止言行，卿大夫的所作所为，必须通过大家十分严苛的检验才可以胜任。

“高标准”的意思是要求或规定比一般的人或事情要严苛得多。卿大夫在行为、言语和服饰等方面，都成为准备出任官职的人和官吏所学习、效仿的对象，行为举止必须要中规中矩，以免遭受“坏榜样”的非议。

父母是我们来自于天、生而为人的象征，也是列祖列宗的代表。形式上对父母孝敬，虽然只是仁性仁心的表达，但是已经包括了一切人类永恒生命的深情大义。祭祀的功能在于，不仅能表达出子女心中有对父母的至情，还可以表达出对父母的祖先、父母的父母以及天地圣人最为诚恳而深切的谢忱。这种宗庙精神，是值得我们用心体会的。

“口无择言”意思是不需要注意择言、修养良好，自然而然地说出合理、妥当的话。说出的话中规中矩，不致招惹灾祸。既不需要滔滔不绝、口若悬河地有所争辩，也没有必要口蜜腹剑，背后插刀，表面讨好。

不能单凭个性心直口快就口不择言，若是有话实说、有话直说，就目中无人，极易引起与别人的口舌之争，被大众当成麻烦的制造者。

孔子提倡的“从心所欲，不逾矩”是“身无择行”的最高境界，普通人很难做到。只有“时刻心中都有君王，早晚不懈怠”，才勉强能达到。

身无择行，能四处行走却不制造问题；口无择言，能天天说话却不惹灾祸。只有这样谨言慎行的修养，才能在臣子辅助君王处理国家事务的时候，不至于招惹民怨，还会受到大众的欢迎，使得君王能安心委以重任。

国君施政是需要有力的辅助的。同样，现在

的政府设置了很多专职的人员，分工合作，为人民服务，处理关于安全、国防、教育、财政、医疗、卫生、经济、保险、产业等事宜。

作为中华民族的子女，应该相信各级官吏的行政和政府的政策。若有困难、疑惑或不安，可以通过正当的渠道提出合理的、具体的建议，以供政府参考。

若是身居政府要职，更应该重视民意、体察民情，做好有效的沟通来化解民怨。这些具体措施，都是孝道的实际效用。

以孝道施仁政的诸侯之孝

西周到春秋的六七百年间，都尊称国君为天子。那时的国君代表着王室，有着分封诸侯的权力，诸侯相当于现代美国各州的州长或者中国各省的省长，代表天子在各自领地为人民服务。

只可惜到了春秋时期，诸侯开始变得不守分，借着天子无道的理由各自订定制度、互相征伐。进入战国时代后，天子已经名存实亡。于是孟子放弃孔子先前倡导的“尊王”主张，极力推展王道，周游列国。希望会有一位诸侯能代替东周，统一华夏大地。

孟子认为国家统一的最佳途径是实践仁政，主张“人皆有不忍人之心。先王有不忍人之心，斯有不忍人之政矣。以不忍人之心，行不忍人之政，治天下可运之掌上”。然而，各国仍然“争地以战，杀人盈野；争城以战，杀人盈城”，即使民不聊生、凶年饥岁，也没有停息。

“君仁莫不仁，君义莫不义，君正莫不正”是儒家的理想状态。因此，居于高位的应该是仁者，并以孝道作为人民的典范。天子有以孝道教化百姓的责任，而诸侯在这方面也必须成为优秀的榜样。

诸侯的地位仅次于天子，是“一人之下，万民之上”的尊位，其地位已经高高在上了。按照“物极必反”的自然规律，往往在尊位的人因骄傲而得意忘形，导致居高而危，极易受到源自四面八方的攻击；有些甚至功高震主，引起天子的猜忌，对其产生疑虑。

诸侯的爵位来之不易，想要长期保持下去，也实在困难。在《孝经》诸侯章一开始便提出只有“在上不骄”，才能“高而不危”的主张，期盼诸侯能遵守法度、节俭费用，务求“高而不危，满而不溢”。只有“高而不危”，才得以长期维持显贵；也唯有“满而不溢”，才能长期保持富裕。

诸侯要“富贵不离其身”，保有社稷才能长

久。这样，诸侯可以获得人民的拥戴，又能与民众和睦相处，还可以安天子的心，应该是最合理的表现了。

本来大自然的规律便是“满招损”，若是水过满必然会向外溢出；同时大家也都能理解“居上而骄”，除非个人具有良好的品德修养，否则很难避免这种情况。而“骄兵必败”，又是铁打的规律。诸侯要想做到“制节有度、在上不骄”，就必须心中有天子，时刻保持着“如履薄冰，如临深渊，战战兢兢”的心情，处处小心，凡事谨慎。

心中有天子，还要以心中有父母作为前提，否则一定伪而失真、虚而不实，很快就会被天子识破了。至于天子身边的人，对诸侯说三道四，更是难以避免的事情。心中有天子却不孝敬父母的诸侯，经不起时间的考验，很快便会原形毕露，被人揭穿其虚假的面具。

“和其民人，保有社稷”是诸侯应该尽到的责任，可以看成是诸侯对祖先表示的孝道。若是诸侯辱及祖先，骄奢淫侈，丢了城邦，使百姓受苦，那便是大不孝了。

孟子用“力”与“德”来区分“霸”和“王”，他认为仁政就要以德服人。既然这样，必须反对战争、反对动用武力。一直到宋代的李觏清楚地指出，“霸”“王”不过是名位的不一样，并不是施政的本质有差异。

“霸”是诸侯的代号，以配合政策、尊重天子为宜；“王”是天子的称号，以安天下为其神圣任务。以有没有发动战争、动不动用武力来辨别“王”“霸”之间的区别，是不符合实际的情况的。因为我们不想发动战争，敌人却未必讨厌战争。

尤其是现代，强国借着“地球村”的美名，制定了很多看起来动人，实则以大欺小、以强凌弱的条约；加上日益短缺的资源，越来越不均匀的分配，恐怕难以避免区域性的大小战争。

固然“以道不以力、尚德不尚武”治国是至理名言，但基于“定于一”的需要，有时必须要动用兵力，也应该以合理为适宜。

之所以仁政能“得人心、王天下”的先决条件是：同一民族。倘若连民族都不同，侵略者还想实施仁政？即使侵略者实行了仁政，被侵略者也未必将仁政作为恩惠。

领导者应该极力避免残酷的战争，但是用武力制止外来的武力，也就是以战止战，也很重要。

政治维持着人类生存的组织关系，其包括治与政两个层次。治是实施统治权的方法和步骤，也就是维持国家事务的正常运作；政则是管理众人事务的统治权，必须带有某种程度的强制性，这才是统治的根本核心。

自古以来，中华民族便相信“大位天定”，认为统治者与上天之间，存在着某种神秘的关系。将国君称为天子，代表着他是天上与人间互相联络的合法代表。西方人觉得我们这是“君权神授”，我们却称它为“道政合一”，其象征着人道与天道的密切结合，并以道德来指导政治。人间政权的转移，是因为上天对君王道德修养表示失望，所以将天命收回，另立新君。

天子“命随德定”，而诸侯为天子任命，自然要尽心尽力地辅助天子，使其自强不息、明德敬德，繁衍子嗣。但是，中华民族并非依赖武力才得以融合，而是依靠着中华文化的成就。

历史上，改朝换代的原因非常复杂，不能完全将责任推到某一个人的身上。天地变革导致四季顺序而行，历史上商汤、周武王的革命，既应合人心也顺应天道。

革命一定要先革心，去戾为祥，去暴为仁。倘若诸侯与天子能以孝道感化人心，彼此依循伦理而行且重仁义，共同为人民服务，尽心尽力地配合，当然就没有革命的必要。各人谨修其德，国泰民安便好。

以孝治天下的天子之孝

上到天子下到平民百姓，都该恪守孝敬父母的责任。有道是“天尊地卑”，是一种“定位”，而不是天贵地贱的意思，这句话不能牵涉到有关价值的估量。天和地是一样重要的，缺谁都不行；只是所处的位置不同，导致各自有着不同的功能。

中华文化最精明的地方在于人和禽兽是不一样的。说实话禽是禽，兽是兽，但连在一起就非常难听了。人们单独说“飞禽”“走兽”的时候是没有恶意的，一旦去掉“飞”和“走”就不一样了，那就变“禽兽”了。我们骂得最难听的词，就是骂别人“禽兽不如”。

百姓和天子同样是人，我们人格平等，凭什么百姓排在后面，而天子要排在前面呢？这是因为人类的聚集呈现出一种直立的喇叭状态。

下面的嘴很小，但是所占的人口数量非常

多；上面的口很大，所占的人口数量很少。挤在底层的广大百姓数量最多，而真正居于高位的人数量并不多。天子之所以高高在上，是因为担负的责任非常重大。

当百姓群聚在一起时，眼睛都要向上仰望，天子的身上集中着成千上万百姓的目光。天下的人民，都应该以天子的言行作为自己的典范，将自己的幸福寄托在天子身上。这不是“他主”，一切都交由天子来定夺是合理的“自主”。由人民决定是否要拥戴这位天子，这才有了“民贵君轻”的言论。自古以来“得人心者得天下”，就是这点最好的证明。

天子的地位远在万民之上，主要是因为天子拥有着重大的责任。他要负起教民、安民、养民的责任，拥有足够的向心力，还必须得到万民的支持，才能完成如此重大的任务。

亲爱父母的人，为什么不厌恶一般的人？因为能孝敬父母的人，表明他的品德修养非常高，还具有对父母的爱敬之心，当然容易由亲及疏，由自己的父母推展到别人。这样一级一级推展下去，很快便能教化天下万民了。

“型”字和“刑”字相通。不必训诫，也不需要说服，更别说威胁利诱或者三令五申，自然能产生持久而强大的“参考力”，使老百姓心悦诚服、自动自发地像草那样顺风而倒。只有这样让人心服口服的教化，才是宣称仁道的天子。

当我们遇到任何一件事情都不需要向上请示时，就可以做出最后的决定，这时“我说了算”就可以直接与天连通，等同于天子了。

对天子之孝的修养，感化的力量以及所能导致的影响，我们应该特别谨慎。免得行使天子的权力，却没有尽到天子的责任，最终由自己来承受后果，还不如事事小心谨慎更为妥帖。

若是孝行可以感动世界，世人也愿意主动效仿。通过网络的快速传播，效仿的人也会越来越多，不但大家的反应良好，而且能具有持久的参考力。如此一来，每个人都成为现代的“天子”了。可见“平天下”对现代人来讲，每个人都有机会；对古代的人来讲，难度很高。

孝道的关键在于我们是否反求诸己、真诚地孝敬父母，而不是企求一夕爆红或是博取新闻版面。只有持续性、长久的孝行，才是真正的君子德风。正所谓：世界万民皆是草，君子德风能产生“风行草偃”的重大影响。

现代的信息传播速度很快，几乎瞬息就能传遍全球。上网的人越来越多，有着各式各样的迷妹迷弟，他们从不怠惰松懈，简直是朝夕勤劳。若是发挥这种夙夜匪解的精神，自动自发地传扬、学习、发掘、效仿孝道的行为，岂不达到了每个人都可以平天下的良好境界？只要大家愿意，立马就能心想事成。

有能力办事的人不如有知人善任能力的人，群策群力、聚集贤能高士的效果胜于个人单打独斗。有福德才可以泽及万民，才可以发挥教化作用，成为万民最大的福气。

父母使我有机会“无中生有”，从“没有我”到生出“我”来。直到现代，我们还有很多关于生死的问题没有解决，但是“父母不生我，我就不能看见这个世界”是不能改变的情况。我们的根本是父母，这是毋庸置疑的。做人不能忘本，故而孝敬父母成为天经地义的一件事。

即使高高在上的天子，拥有很大的权力和威势，毕竟他也由父母所生，同样不能忘本。更何况天子应该是万民的典范，在孝敬父母方面，必须经受住“十手所指、十目所视”的严格考验，才能获得百姓的拥戴。不但坐得安宁、站得安稳，并且能为万民造福、福泽广被。

我们不是天子，自然不能以天子自居。我们能从自身做起，友爱兄弟姐妹、好好孝敬父母。等我们有机会为人民社会服务时，在孝悌方面应该做得更好，发挥更强的影响力。

期盼着有朝一日能得到大家的认同，那就修齐治平，个人逐渐有所提升。若是一个人有治国、平天下的表现，即使他不是天子，也应享有天子的福气。

第七章

推行孝道的原因

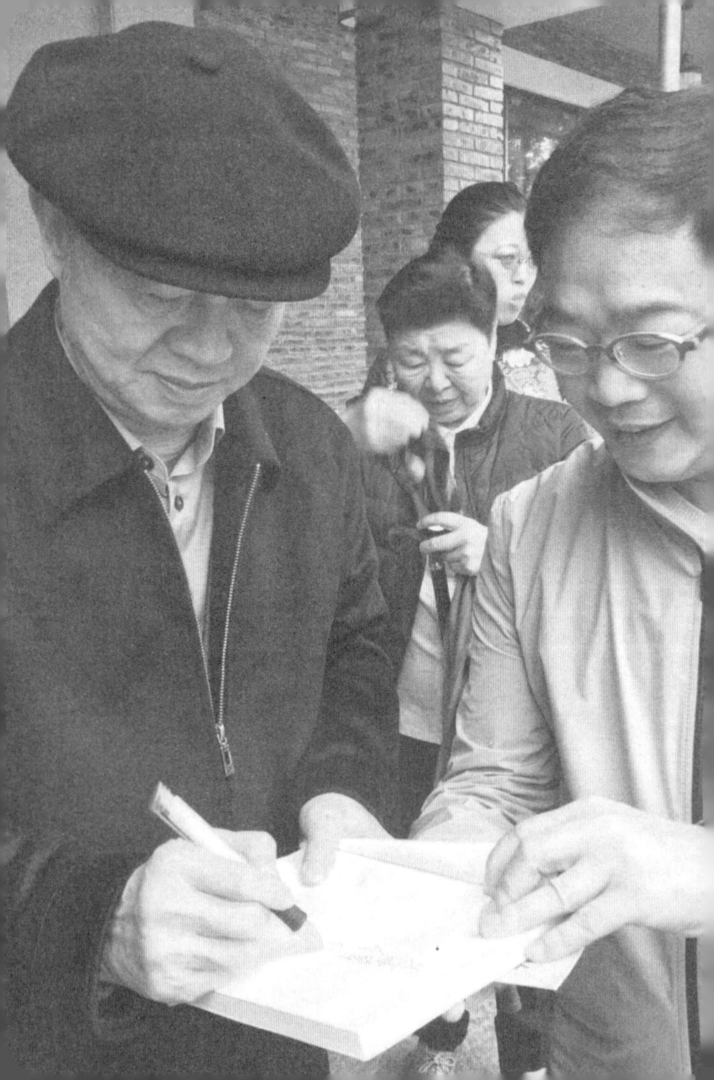

孝道永生，为世代所传承

我父亲过世前，我曾和他讨论：往生之后，您愿意在一年的什么时候，让我们子孙来祭祀？我们尊重您的选择。

我父亲说：“一年三次就可以了。”然后，我就说：“三次不行，最少四次吧。”他说：“好。”便同我们定下祭祀的日期，我们尊重他的遗愿，就记下来了。如此一来，我们也避免了和其他节日起冲突的状况。

这就叫作家风、家规，这才是真正的家传。我们要把这种良好的家风世代传下去。什么是祖宗？祖宗就代表着阳性。只要是“祖”就是阳性的，“宗”也是阳性的，其意思不是指祭祀的时候，我们不拜妈妈，只拜爸爸。不是这样的，没有妈妈，只有爸爸，照样不会有我们。

祭祀重在恭敬、重在虔诚，而不在丰顺。很多隆重的祭祀典礼并没有用，这种场合也不是讲排场的时候。我们有了祭祀后，开始有了孝祀。孝祀是指到了某一个特殊的日子，我们将家里的人聚集在祖宗的牌位面前，供奉祭品、上香，对后代子孙们讲祖先的光荣事迹，告诫子孙后辈们，不要因自己的不当言行玷污了先祖的贤名，更不要因自己使先祖受到侮辱，这是我们一辈子都要尽到的责任。

跟世界上其他民族相比，中华民族多了一条导引线，那就是后代子孙和祖先之间的联系。无论是我们的子孙，还是我们的祖先，都将集于我们之一身。

对于子孙来说，我们是他们的源头；对于祖先来讲，我们是他们血脉的延续。外国人是没有这条导引线的。子孙跟祖先的互动，从来不是物质方面的交往，完全是精神方面的感应。

孔子很清楚地讲道：我们跟祖先纯粹是感应，没有其他的往来。我们愿意相信祖先是最爱护我们的人，因此有些不方便问别人的事情，我们可以问问祖先。

我想我已经向你们透露了一件重大的秘密。只有祖先活在我们的心中，我们才有机会活在子孙的心中。人想要永生，只有活在子孙的心中，没有别的办法。历史上秦始皇、汉武帝，利用他们的权势，费尽心机想使自己永生，谁成功了？还不是随着时间化成了一具冢中枯骨。

为什么会有这种结果？因为人已经用了这个臭皮囊七八十年，身体还硬朗、好好的就已经很不错了。但再硬朗的身体，随着年华的流逝，骨质会变得疏松，皮肤也会变得松弛。

老天让我们不受无情岁月的折磨，及时复归尘土，这是对我们的爱护，我们还有什么好留恋的？

如果一个人死了，没有子孙祭祀他，他就真的死了；若是每年春节、清明的时候，有子孙祭祀他，那他就活着。他在哪里活着？在他家子孙的心里活着。外国人无法理解这点，也无法想象出来。

我们有三种方法得到永生：立德、立言、立

功。可能有人会说这个要求过高，我做不到一辈子立德立言立功。那我应该做些什么？该做的是生养抚育子孙，让他们记住我这个长辈，才是最实际的途径。

俗话说：不是一家人，不进一家门。家里有个家门，你进了这个家门，做事就要按照这个家的家规，不能为所欲为。中国人的“家”的概念是很大的，整个宗族都可以称为一家人。

我读《大学》，看到里面有一句：家齐而后国治。我真的怀疑这句话的真实性，把家治好了，你就有本事治国了？这也太夸张了吧。我们知道经典里讲的“家”，不是现在三口之家的小家庭，而是整个大家族。

若是你能将整个大家族的事情都治理得井井有条，自然有本事治理国家。可是，现在我们讲到“家”，第一个想到的就是三口之家的小家庭，这是错误的。从前的中国人三代同堂、四代同堂，甚至五代同堂都是非常常见的。

等到五代同堂以后，家长就变得非常难做

了。外国人勉强能读下来《三国演义》，读《水浒传》也是似懂非懂。为什么到现在为止能读懂《红楼梦》的外国人很少？老问这个人是谁，那个人是谁，他们之间有什么关系。因为《红楼梦》中的人物众多，外国人记不住他们之间的关系。后来我们花费一点时间，总算让外国人读懂了。

外国人讲了一句我觉得很对的话。他说：只要把大的家族拆散了，也就是分家，《红楼梦》便没有了。确实是这样，如果将《红楼梦》里的四大家族变成小的家庭，错综复杂的关系自然消失了，哪还会有《红楼梦》的诞生呢？

中华民族是非常勤劳的民族。人生而无勤，便称不上人了。人生最重要的就是生活，而不是工作，可现在我们将这种关系全都弄混搞乱了。

有很多人觉得人生就是为了工作。那我问问你，工作是为了什么？工作自然是为了生活呀。但有些人为了工作便舍弃了生活，完全本末倒置。人生最要紧的是生活，而不是工作，但千万记住：没有工作便不能好好生活。

生活最重要的是人情。外国人是不讲究人情的，别看他们跟你打招呼，向你问好，实际上他压根就不关注你。所以，我们读外国人的书，会觉得人与人之间有疏离感、距离感。

中国人之间会有距离感吗？你会对知心朋友玩心机吗？你会欺骗父母吗？假如你这样对待朋友和亲人，那么最终你会众叛亲离。

将对父母的恩情推展到对祖先的感情，逐步向外扩大，以情治国。正是现代需要的“和顺邻里”“和平发展”“和气生财”“和睦家庭”“和谐社会”“和合风气”的良好基石。果然“孝为德之本，教之所由生”经得起时间的考验，值得我们努力实践并深入研讨。

孝道是无尽的责任

我去过世界上很多地方，发现有很多外国人，他们手上抱的都是我们中国人的小孩。

有的外国人甚至还领养有缺陷的孩子，比如得了兔唇的孩子，他们都很愿意收养，这些都是我亲眼看到的。

不知道大家听了这些有什么感觉？其实全世界的人都有自己的无奈，因为都有命。德国人有德国人的命；英国人有英国人的命；美国人有美国人的命，无奈之处就在于这个命是没有办法更改的。

我们都非常清楚，家庭不是个人，家庭才是社会中最小的单位。而在西方社会，个人是社会中最小的单位，我们观念上不同的问题正是因为这个。

中国的孩子是代表一家人出去闯荡的。我在外时便时刻牢记，我不能丢曾家的脸，我是曾家的人。无论你到海外或是哪里，这种心态都是一样的。

若是每个家庭都健全，这个社会就一定会健全；这个国家就一定会健全。“齐家治国”就是这么得来的。无论如何，每一个人都要先把自己的小家庭管理好。因为我们的家不像美国人的家是有限责任的，我们的家是无限责任的。

有限责任是什么？是指当一个孩子长到18岁成年以后，父母便对他没有责任了，他就要自己找工作；就要自己贷款来读书。

不用问家长的意见，想做什么要自己决定。你已经长大了，你应该独立自主了。所以西方的老人才会那么寂寞、那么痛苦。这要怪谁？我也不知道应该怪谁。

无论到英国读书还是美国读书，我是绝对不取英文名字的。我一生都没有英文名字。我就叫曾仕强，学校愿意收我就收我，不愿意不收我就算了，想要我说出自己的英文名字，想都别想。我也顺利地完成了自己的学业，凡事未必非说怎么样就不行，完全是你自己的选择。

真的有很多人不了解美国便盲目地向往，这是幻想。

比如美国人从来都不穿拖鞋，可你从电视上看，很多美国人都是穿拖鞋的。美国人用丢的方式来送报纸，因为客户家门口离邮递员远，路就在对面，邮递员不想走过去，便直接丢过去了。早上，家里的女主人把门打开，光着脚把报纸捡起来，然后光着脚走进去，照样踩着地毯。跟我们完全相反，在她的观念里，所有的地方都是格外干净的。

美国的房子永远有两个客厅。一个是自家用的，一个用来招待客人。招待客人的那个厅几乎很少用，因为很少有客人来，只是做做样子而已。现在中国人最新的家庭设计，就是向美国学习的。我觉得那些设计师根本不懂美国，在美国人家里厨房是最大的区域，而不是卧室。

这样设计房子的原因是听取了妈妈的意见。如果妈妈不做饭，孩子们就没有饭吃；妈妈在厨房做饭，妈妈都不知道孩子们在谈什么，即使孩子们在骂我，我也听不到，这怎么能行？干脆就将厨房建大一点，妈妈做饭的时候，孩子也都在这里做事，我能听得到所有的事情，便心甘情愿地替你们做饭了。

现在年轻人在设计房子的时候，是将厨房摆在正中间的，而且区域很广阔，这根本不符合中国的传统。今天跟你们学一点，明天跟他们学一点，学来学去，反倒搞成四不像了。

每个地方的人，会住什么样的房子、过什么样的日子，是周围的生态环境决定的，不是人自己决定的。

那么西方人重不重视孝道？有些国家是很重视的，比如芬兰，芬兰的建筑是有蒸气浴的无窗房子，房子内部靠墙的内壁建有三副木榻，每一副木榻的温度都不同。也就是我们说的“三温暖”，芬兰人总会将温度最舒适的那副木榻留给老人和孩子居住，身体强壮的男女只能享受其他两副木榻。

这是真正的孝道吗？这不是真正的孝，充其量算是重保养、重保健。可现在，我们也在盲目地向芬兰学习。我们也讲究“三温暖”，但我们的“三温暖”不是真的，都是假的，我们没有芬兰那样的生态环境。

我希望每个人做人都要实在。你该过什么样日子，就过什么样的日子，不要总是羡慕别人，踏踏实实地过好自己的生活就很好了。我们的孝道是家风能传承下去的一个关键、一个骨干，不要小看“孝道”短短两个字。

母亲是孝道里极其重要的灵魂人物。虽然母亲是外姓，可是我们把所有的责任都放心地托付给她。在我们选择另一半的时候，总是一关又一关，她比我们更慎重。若是你能将这些贯穿起来思考，就能明白老祖宗做了一个最完美、最长远、最周全的整体规划。而我们却习惯断章取义，还不懂它的意思，便着急破坏它的规则，最后只能坑害了自己。

我们事事都有条理，样样都有规矩。可还是

有很多人认为中国人办事很混乱，不像外国人那样规则明确、条理清楚。可事实真的是这样吗？其实美国人是最懒惰、最没有责任感、工作效率最低的。

西方人看你是黄种人，就以黄种人的方式对待你；看你是白种人，就以白种人的方式对待你。他们还宣称，自己国家没有种族歧视。这点我最清楚了，哪个国家特意强调自己没有种族歧视，就等同于告诉全世界，我们国家是最有种族歧视的。

美国的黑人很可怜，比如他开辆豪车，他心里很清楚这是自己努力赚到的，但所有人都会把他当成司机，没有人会觉得他有钱买这种豪车。因此，只要有黑人开辆豪车，他一定会很大声地讲：我仅花了300万元就买下了这辆车。不然所有的人都觉得他是司机。

这也是他的无奈之举。可是，假如有一个黑人告诉你，他花300万元买了这辆车的时候，你心里会怎么想？你八成会觉得他是不是做了什么坏事了，不然怎么可能有这么多的钱？其实，他也很无奈。

中国人博得以下的几个美名是非常不容易的。第一，中国人脑袋灵光。第二，中国人重视孝道。第三，中国人最讲信用。在全世界各个国家中，中国人是最讲诚信的。有些人可能会觉得：对外国人我们必须要讲信用，否则他们就会反过来对我们不讲信用。

没错，这是事实。可是我们要思考：你对中国人完全走法律途径的话，这个中国人肯定会骗你的。

等到我们能充分了解这点后，我们就知道后面的路应该怎么走了。如今我们闭着眼睛学人家的这个，学人家的那个，学到之后自以为有多了不起。

现在全国都热衷于读经典，这是一件好事，但是要读对经典，不要读错。若是读错就等于白读了，不仅白读还会坑害自己。

比如“学而时习之”，就是在告诉我们，光

学是没有用的，你还要习。“习”不是复习，也不是温习，而是让我们养成习惯。你懂不懂我不知道，会不会我也不知道。但当我看到你的习惯时，就了解你究竟是不是真的懂了。

“人不知而不愠”“有朋自远方来”“学而时习之”这三件事是孔老夫子给我们人生中获取快乐的三句忠告，被称为“孔门三教”。

若是你没有一个知心朋友，那就说明你为人处世太差了，肯定是那种到处占别人便宜的人。别人看到你就怕，看到你就躲，看到你打来的电话都不敢接。这种情况只能怪你自己。若是别人主动来找你，就表示你的人缘还不错。第三个忠告，你学不学习，谁也不知道。但你能不能做得出来是别人肉眼可以看到的。

“人不知而不愠”是最难的。别人不知道你有这么好的背景，你也不在乎。别人不知道你有这样的能力，你同样也不在乎。为什么？因为做人做事要对得起自己的良心。

一个人的生命走到最后的时候，在你身边只

有两种人：一种是了解你的人，一种是不了解你的人。孔明讲的话“知我者，幼常也”，结果害死了马谡。街亭失败一事，估计孔明没有脸面去见地下的刘备了。

孔明知道街亭有多么重要，还重用马谡，导致一生英名，在街亭一役都毁掉了。所以根本是非常重要的。但是什么叫根本？就是我有自己的原则，我不会改这个原则，但是我的态度会很柔，而不会很硬。无论我的态度再怎么柔，我的原则就摆在这。慢慢地别人就会接受你的硬气，还是不错的。

因此，我们做事要正本清源，要好好地认识我们的老祖宗，跟他产生一些感应，自然就会走出一条堂堂正正的道路。正所谓：家和万事兴，这样才不会跟邻居产生过多的争执。但要求完全没有争执也是不可能的事情，也有俗话说“家家有本难念的经”。

无论以后去哪里，你都代表着你的家庭。若有朝一日飞黄腾达，你一定要先回家祭拜祖宗。

我在看电视转播也好，在国外也好，外国人拿了什么奖或是获得什么成就便会哭。

我心想：有什么值得哭的？得了一个小小的奖项你就哭了，然后说获奖感言时感谢这位、感谢那位的，其实你根本不能说这些话。万一你的妈妈在家看电视，碰巧看到你感谢这个、感谢那个，唯独没有感谢她。她心里就会想：没有我，你这些朋友有用吗？这是西方人的文化，不是我们的。

中国人讲感谢为什么老是一套话？因为我们没有能力也没有办法改变。“首先，要感谢我的父母”，我们一讲完这句话，接下来就要开始讲官话了。不然别人就会有意见：父母重要，那你干脆待在家里面好了！不会讲话的结果就是一张口就得罪别人了，这时最好的办法就是说谢谢，“谢谢大家”“谢天谢地”，这样讲才不会得罪中国人。要不你讲得越明确、越仔细，得罪的人反而越多。

我们现在要求孩子们讲话时，要讲得清楚一

些。这些话不但没用而且都是废话，还有可能会坑害了小孩一辈子。我们整日都在浪费自己宝贵的时间；整日都在讲废话；天天都在折磨自己，折磨到看医生，最后进棺材。这就是我们的人生，既没有价值，又没有意义。

我提醒过大家：中国的家庭是无限责任的。我曾经失业过，失业后我父亲就同我讲："没关系的，你知道为什么我们中国人吃饭的时候用圆桌吗？因为若是我们像西方那样用方桌，而且一个人一份食物，那就糟糕了。那样你会很难过，因为你没有名分了。你要永远记住，我们家就是圆桌，你回来只要多拉一个位置，多摆一双筷子，便什么事都没有了。我们还会在乎你有没有工作吗？"

中国人将起伏太大、大起大落的人生称为"无常"。没有人知道未来我们会有怎样的起伏、遭遇，因此靠个人的努力获取成功是非常辛苦的一件事。当你在外面吃苦、受伤、挨骂，搞得人不像人的时候，你一定会想着回家。

假如连家庭都不温暖了，那你就更惨了。你会在外面流浪，当流浪变成一种习惯，你就更不敢回家了，若是一直这样在外流浪下去，那会是件很可怜的事情!

“不孝有三”的三个层次

孟子讲：不孝有三，无后为大。实际上，在古代“三”通常用来代表多数，不是局限于数字三。三能成众，因为三个人就是“众”，可以用来代指很多人。在孟子说这句话之前，孔子就说过，有好几种不孝的情形，远超过三种。

可是孟子为什么告诉我们只有三种“不孝”呢？我们大胆猜测一下，孟子生活在战国时代，尽管战国时代社会很乱，但那时“人类”还是有比较浓厚的孝道思想的。我讲的“人类”是指当时的中华民族，那时的我们与外国人还没有沟通过，也并不了解他们的观念。当时提到的“天下”，应该就是我们自己的土地，并不是整个地球的土地。至于西方那边是什么情况，我们都不清楚。尽管这样，战国时代提倡的孝道还是比之前的萎缩了，我们对孝的要求变得越来越低。

在孟子提出“不孝”的定义前，就有人曾经提出：懒惰就是不孝。因为父母最担心的事情就是儿女懒惰成性。有些父母会考虑：趁着我活着的时候，还能多帮帮你的忙，万一我离开人世了，你该怎么办呢？

为人父母最可贵的地方也就在这，经常想到自己过世之后，自己的孩子该怎么生活？只要小孩做事懒惰，父母就会非常操心、格外忧心。

“不孝”的第二个表现是赌博。我们经常说：十赌九输。其实概率更大，几乎是十赌十输。赢的人按捺不住胜利接着赌博，认为现在正是自己运气好的时候，然后下更大的赌注，赌到最后还是全都输光了。一旦孩子赌博上瘾，还被父母知道了，这件事就糟糕了。父母不知道孩子会做出什么事情，最后就不得不提防自己的孩子，将家里的存折、银行卡、现金、房产证……统统仔细收好，生怕被孩子抢去或者偷去。这些都是赌博造成的严重后果。

有些孩子小时候就好斗，经常在外面打架，

迟早会使别人受伤。还有更糟的一点，如今有的男人爱他的妻子胜于他的父母。他们将自己的孩子摆在第一位，将妻子摆在第二位，至于父母嘛，老了也就无所谓、不重要了。反正他要求的也不多，就这么过日子也挺好。现在这还是很普遍的现象，可是继续这样下去，对后代会产生非常不好的影响。

“不孝有三，无后为大”这句话，也不全是在讲“你没有后代存续就是大不孝”。

到现在，西方人还停留在生物性的层次上。两个人谈恋爱的时候一定要对彼此讲“我爱你”，光讲出来还不够，一定要抱一下以示我爱你。抱一下还不够，还要接吻以示我爱你。这样就跟动物没有什么区别了。

我们中国人就从来不讲“我爱你”这类的话。只要我心中有你、你心中有我就可以了。你爱不爱一个人，不仅当事人，就连旁观者都能看得很清楚。我们根本就不用说出来，可现在我们更倾向于用嘴表白，不重视心中的挂念了。

有人说：中国人不敢讲、怕讲。实际上，中国人有什么不敢讲、怕讲的？讲一下又不会要钱，我们不讲“我爱你”的原因是我们已经超越生物性那层了。假如男女结婚只是为了生物性的目的，那两个人为什么还要结婚？干脆两个人都不要结婚了，直接同居就可以了。同居以前称为“野合”。所谓“野合”，就是没有办理过手续，两个人就住在一起了。所以，假如说“不孝有三，无后为大”，只是纯粹为了生物性的目的，就没有必要结婚了。

还是不要传播这种风气的好。传播这种风气的人，说难听一点儿，倒像是一个不像人的人。但是，我们现在还觉得这样很时尚、很潮流。比如有的年轻人身穿写着两个大字“非人”的衬衫，居然还有电视台请他去访谈，你看奇怪不奇怪？我讲的这些都是事实，是生活中真实发生的事情。

你要求变求新，你想要新奇，这是可以的。但是，你弄个“匪类”，弄个“非人”，竟公然宣称自己是土匪，这就不要脸了，你自己不要脸，没关系，你还顺便羞辱了你的祖先，这就更加不像话了。

我们对自己还有更高的要求，便是“道德性”。“道德性”的意思是：为人子女，我们应该时时刻刻想着父母。他们想要完成的事情，还有没有尚未完成的？若是有，我来代替父母完成。

既然我身为中华民族大家庭中的一分子，身为一名中国人，我便有责任继承我们祖先留下来的东西，并且把已经错乱的、已经扭曲的优秀传统正本清源，将它发扬光大，这才是我身为中国人体现的最大价值。

若是有这种觉悟的人能再多些，那我们还有什么可怕的？就算遇到大的自然灾害，就算有外国人来侵略，我们都有自己的方法来应对。

我们敢讲“立于不败之地”这样的话，是因为我们不是只停留在生物性上，而是有足够的能力做到道德性。做人，首先要努力将自己提升到文化性，若是还有余力，就一定要提升到道德性。

身为一名中国人，我们要做一位堂堂正正的中国人，不能因为近几百年来我们遭受到了巨大的打击，便觉得事事不如别人。现在我们就是长他人威风，灭自己志气。

天天做这种事的我们，让祖宗把面子放在哪？只有这样大家才会理解，中国人那么尊敬圣人的原因就是圣人不为自己，而是为了全天下人。

其中被长期误解的还有一句话：现在的人做学问是为了别人；古代人读书做学问是为了自己。你便认为还是现代人好，心里时刻装着大家；古人比较自私，做事只为自己。

但是，这句话这样解释是不对的。古代人用功做学问，目的是修正自己的缺点，做学问只是为了修身；现代人做学问才是为了向别人炫耀。

我们现在学手艺、现在做学问，比如让孩子们学习钢琴，都是为了表演给别人看。实际上，很多孩子自己并不开心。

“王伯伯来了，你给王伯伯听听你拉的小提琴。你刚刚得奖，有这个机会将你所有擅长的才艺都表演出来，王伯伯看到会很高兴的。”他为什么高兴？可能这个王伯伯心里还会想：我的孩子比你的孩子强多了，你的孩子只会拉小提琴，而我的孩子会演奏六种乐器。你看，你完全没有达到炫耀自己孩子的效果。

中华民族倡导中华文化，是为了全人类，而不是为了自己。可是有很多人根本看不懂这点。西方人擅长的是什么？是科技，但是现代科技的发展已经逐渐偏离正轨了。现在对人类威胁最大的正是科技。

现在很多国家都有核弹，而且几乎都是透明化的。其实，核战争就是“按钮战争”。按下按钮，敌方立马知道。看见你按这个按钮了，他也会按，若是大家同时按下去，岂不是同归于尽，何来赢家？这件事情是很清楚明白的——只要每个国家都有核弹，那么核弹就成了无用的。

因为谁都不会轻举妄动，只敢说说吓唬吓唬人而已。这时，你千万不要上他的当，若是有人天天到你家门口来闹，你就知道他是因为心虚才会这样闹。不然他怎么会这样对你？只要你不上当，不接受他的威胁，就没人会拿你怎么样。

人类只要有这些精明的少数人，就永远可以生生不息、繁衍不止。中华儿女追求的是智慧，并不是知识。因为知识只是一种工具，它是短暂的、一时性的。

只有孝道才能将我们的智慧一代代流传下去，因此有没有儿子是次要的，我们的后代能不能从生物性逐步提升到文化性，最后进入道德性才是主要的。如果能这样一步一步发展下去，那我们就厉害了，这才是真正的中华民族“孝”之表现。

自身明德的孝道

人类有生就一定有死，若是将生前和死后进行比较，便会发现：人的寿命实在有限，死后的日子却无限久远。有些人产生“永生”的欲求也是人之常情。但是永生是不可能的，于是诉诸立言、立德、立功。

对家庭来说，无论拥有怎样的父母，他们都是伟大的，死后给他们立有神主牌。将亡故的父母尊为“神”，让家人定期祭拜他们以表示晚辈对他们的追思，同时用来教导子女要牢记祖先们的恩泽。

若是没有我们的祖先，便不会有我们这一大家人，这种大恩大德，我们永远都不能报答。虽然俗话说“大恩不言谢”，但我们必须长久铭记在心且代代相传，用祭祀之礼来表达我们对祖先的敬意，心目中要永远有先人的位置。

必须恭敬诚心地祭祀，这样我们才会感到先

人的精神就像在我们的眼前一般，孔子说："吾不与祭，如不祭。"这句话的意思是祭祀的形式并不重要，重要的是借由诚挚的感通之情，来对先祖表达深层的敬意。

父母在世时，子女要及时行孝；父母过世后，子女在有生之年也必须行孝。尽管形式不一样，但对父母的敬意应该始终是一样的。

禹对鬼神有很丰厚的享祀；对自己的饮食，却菲薄简单。禹自己居住在简陋的房屋；对公共设施却不惜费用修缮。孔子十分赞叹这种实事求是、公而忘私的精神，顺延到对鬼神的感念，所以评价禹为"无闲然"，意思是对禹没有什么不满意的地方。

自己该做的事，要依靠自己的力量尽量将其做好。我们祭祀，并不在乎恳求协助或祈求保佑。我们虔诚敬慎，凭借着对彼此的感应，使我们的德连接在一起。因为人力是有限的，若是能获得有如神助的信心，自然可以完成得更好。但在没有拼尽全力之前，我们就不该舍近求远去寻求帮助。

中国人的天性得之于天地，称其为“天性”。我们的躯体是父精母血的结晶。对于天地、父母，我们应该同样侍奉孝敬。古人行婚礼时，新郎和新娘左右对立，以示双方情投意合，而且在家庭中同等重要、地位平等。

一拜天地、二拜祖先、三拜公婆之后，才可以进行夫妻互拜。

一拜天地，向上天表明获得双方家长的同意，双方也已经尽力了解过彼此，以求上苍的祝福，使新娘新郎成为“天作之合”的佳偶。

二拜祖先，向祖先引见富有生育能力的新妇，希望上天接纳新妇成为家族里的生力军，并保佑夫妻俩早生贵子，家族繁衍，生生不息。

三拜公婆，新妇刚入门，媳妇要多向公婆学习，好好侍奉公婆。

这三拜过后，夫妻才能交拜表示当着天地、祖先和父母三方的面，宣誓愿与对方永结同心、彼此包容和互相尊重。在充满孝道的结婚氛围中，没有半点儿戏地完成庄严神圣的人生大事，因此可久可长。

做事要重视做事情的先后顺序，向祖先致敬，时刻牢记亲疏关系。

试想父母看到子女拜祖先、敬天地，他们会有怎样的感觉？这是很容易换位思考的。我们将心比心，就能联想到：生前如此孝敬父母，估计死后也不致相差太多。这时，父母对“死亡”的恐惧就会大幅度降低。

对每个人的人生来讲“生无忧而死无惧”，具有格外重大的意义。子女的孝敬，是最可靠而坚牢的基础。有了子女的孝敬，所以父母生前无所忧虑，死后亦无所恐惧。

神明不该被当成祈求降福赐禄的对象，不然就是不诚。严重违反了“心诚则灵”的基本原则，神明自然不会做出回应。“神明”是什么意思？是他看我们很明白，我们看他却很神奇。

只有“道德”才是我们和神明的沟通桥梁，其他的都不是。我们唯一能做到的事情就是通神明之德。我们只有虔诚地祭祀，以祖先的“德”来提升自己的警觉性，致力于个人品德的修养，好像将祖先的“德”再彰显出来一样。

保持着“敬神，但不依靠神的力量”的心态，才是“敬鬼神而远之”这句话要表达的真正用意。我们借着对神明的礼敬以便唤醒本有的明德，使生命的光辉持续不断地逐渐增强，却没有丝毫迷信的色彩，这才是真正的信仰。

尽忠职守，关系融洽

服务才是目的，权力不过是一种手段。臣子必须本着孝亲的心侍奉君主，从事服务的工作凭借行道的精神。上班时应该尽职尽责，将自己分内的工作认真完成；下班后，及时反省自己的过失，尽快加以补救。

如果上级的指示合理，就要尽心尽力地完成；倘若不合理，就必须用心补救，加以修正。所以，孔子主张人君最好“无为而治”，这样才能使人臣得以有为。

大家说起“无为”，首先会想到庄子的道家。儒道两家都提倡“无为”，可见“唯有人臣有为，天下才能大治；人君无为，人臣才能有为”这是两家达成的共识。其用意是：人君不可能样样精通。

即使再伟大的人才，可能也会百密一疏，从而留下遗憾。人君“藏智显仁”，即使有智能也尽量不要向外人显露，让人臣各自表演自己分内的能事，将舞台让出来，大家各自分工合作之后自然能达到想拥有的成就。若是人君尽情流露仁德，使得群臣不敢不公而无私、以德行政，当然天下能得以大治。

先从儒家着手，以“大公之道”联合众臣的才能和意志，无废事也无私弊，最后做到有大为。经过双方的一番磨合后，各方既能互相辅助又能自主，自然可以进到道家的“无为”境界，发挥出“鱼相忘于江湖，人相忘于道术”的精神，彼此密切相关，达到真正“无为而无不为”的地步，这才是天下之大幸。

常言道“道不同，不相为谋”，这是对待朋友的方式。对于道不同的朋友，我们应该有保持安全距离的自由。合不来，敬而远之；合得来，则多来往。

不能用对待朋友的方式对待上司。上司和我们有同样的目标，我们必须步调一致才能顺利地完成任务。对上司，应尽力配合、全心全意，不可以看情况而玩忽职守；对朋友，则可以近，也可以远。

朋友的关系与君臣的关系大不相同。若是有一个人天天换朋友，顶多没有朋友，也就是看上去比较孤独。若是常常换老板，请问还要不要找工作了？哪个老板敢招这样的员工？

我们常说“慎择其主”“良禽择木而栖”，但实际上非常困难。毕竟人微言轻，若我们自身没有分量，又哪来选择的自由？

历史上并不多见像诸葛孔明这种人才，等待着刘备三顾茅庐。虽然每个人都有选择上司的自由，但是机会实在不多。因此，“和上司如何相处”就变成非常重要的课题了。既不能得罪上司，否则冒犯上司；也不能讨好上司，以免害了上司，这些都对自己非常不利。

只有“站在不顺的立场来顺”，也就是“不合理则不顺，合理则顺”，而且是“不顺到不冒犯的地步，顺到不讨好的程度”，这还是要我们多多磨炼才能达到的境界。

我们要学会知人善任，要先建立知人的标准，免得把不肖者当作贤人，把好人看成坏人。不要完全把它当成知识层面处理，它是一种政治智慧。我们常说：知人之先，必先知己。只有先了解明白了自己的为人，才知道未来自己可能会重用哪一种人。

若你是被别人赏识的人，更要小心翼翼，珍惜难得的知遇之恩，尽心尽力辅助，共同完成要求完成的任务。因为内外有很多的变量，所以我们必须做好合理充分的调整。“事上”不易，“用人”也不易。凡事都是动态的，我们要想在动态中寻求合理点，自然要非常用心。

毕竟上司和下属的关系和父子关系有所区别。父子有血缘关系，这是一生一世都不能摆脱的关系，即使登报脱离也不能产生法律效力。上司和下属可长可短、分分合合，感情基础远不如父子坚牢稳固，所以上下级关系要格外小心谨慎。

我们与同事融洽相处，有助于上下关系；上下以诚相待，也能化解同仁间的困厄。上下、前后、左右都能思虑周到，只有道德可以被依赖，彼此互相包容与尊重。

实现仁治，以孝治国

现在中国人最担心的问题：首先，好不容易我们的经济慢慢发展起来了，会不会继续保持下去？若是不会，我们是很不情愿的。关于这个问题，我觉得这是人之常情，可以理解。其次，我们还能不能继续稳定地走自己的道路？还是只能跟着西方亦步亦趋？以上两个问题都跟“孝道”有着密不可分的关系。

先来看政治层面。刚开始的时候，西方人一直强调中国没有人权，为什么现在不敢说了？因为美国才是全世界最没有人权的国家。他们最好的说辞是什么？就是反复说中国政治上不讲究制衡。这个国家没有制衡，真是很危险，因为它会逐渐走向专制。很不幸的是，我们国内竟然还有很多人觉得他们说得很对。

我想问问大家：作为一名中国人，你会接受被别人制衡吗？中国人一生争的一口气就是“凡事我说了算”，我还要接受你的制衡？你看谁不是为了自己的未来奋斗？

当过领导的人都懂得，做领导非常辛苦，那为什么还要做老板？为什么舍不得不当老板？什么大道理都是假的，当领导就是为了凡事可以我说了算的权力。否则，为什么我要那么辛苦？我们要学会看清事情的本质。

我们时刻尊重自己的民族性。老祖宗巧妙设计出的便是全面制衡的“孝”，它如影随形、随时随地，让你跑也跑不掉。若是你真有孝心，你还要制衡吗？你还敢乱来吗？想想古代，谁有勇气敢制衡皇帝？就算你敢直接同他说真话、讲实话，你全心尽忠于皇帝，他稍微有点不高兴、不如意，张张口便将你推出去斩首示众。

就算他未来后悔对你的所作所为，但你已经往生了，他后悔又有什么用呢？比如曹操唱完一首歌，便去问乐官，自己唱得如何？乐官说：“君上，您唱得很好、很悦耳。”曹操说：“少来这一套，我要你说真话。”乐官才讲了几句真话，曹操就立马翻脸了。为什么呢？因为曹操会想：我问你是我给你面子，我问你就真说了？这样以后我还敢对大家客客气气的吗？

凡事只要我们心中有父母，就有制衡。想要骂人？不可以。想考试作弊？算了。想要偷情？不敢。等到我们长大后，走了仕途做了官，为人处世更要小心翼翼。假如为官的我做错了事，别人不会骂我，但会骂我的父母。

要说这不是全面制衡，那是什么？说实在的，我有能力，我有热心，我负责任，我还很有诚意，为大家提供这样的服务，若是还有人来制衡我？那我索性不做了，这才是将心比心的正确做法。

就算我们强调制衡，也没有实际效果，只徒有形式。只要我不能自己做主，我便不敢做事情。我为什么还要去做呢？让给别人，等着袖手旁观、看别人的笑话多好。有很多人看到我们为人处世的方式，都觉得是不对的。我却不明白这有哪里不好。

一个人要想在中国的社会出头并不是一件容易的事情，几乎所有的人都要打压你。如果你不顾一切、拼尽全力地出头，一定最后死得非常难看。我们的文化就是讲究全面制衡，意思是所有的人都来打击你。假如你经受所有人的打击还能闯出自己的一片天，那你真的很了不起。为什么你老接受西方人的意见呢？为什么你不往这个方面思考呢？

用四个字就可以概括中华文化——空无多有。我们什么都没有，但什么都有。现在的年轻人是听不太懂这种话的。比如，我平常穿的衣服，它是不是中国特有的服装？我告诉你，不是。

中华文化五千年的历史，发展到现在，没有一套属于真正的中国特有的服装。听到这，会不会觉得中国人很可怜？其实我们一点都不可怜，因为我们不在意这些细枝末节。

我们爱穿什么就穿什么，有什么就穿什么。我穿出来的衣服代表着我的形象，更代表着我的价值，那就是自我制衡。别人可以穿奇装异服，但我不能穿这种衣服。别人可以做那种事情，但我不能做那种事情。我不能管别人，我只能管好我自己。

当我穿着西装的时候，我觉得自己很舒服、很自然。我没有说外国人的衣服更好看，我也没有觉得穿西装更神气。想想穿西装有什么神气的？戴个领带像吊死鬼似的，有什么好神气的？但是我照样穿，并不耽误。

就是因为中国人不重视有形的东西。我们都知道：有限的生命就是有形的东西，这个东西迟早会等于零。

作为一名中国人，你一定要先了解中国。如果你连自己的国家——中国，你都不了解，那你接下来要如何为人？中国人有着很主观的好坏观念，用一句话就能将这个观念说清楚：你用得不好就是不好，用得好就是好。

这不是我的问题，这是你的问题。我们现在最糟糕的一件事就是：从小对好坏、善恶、对错没有固定的一套标准，一辈子晕头转向，搞不明白到底是怎么回事。造成这种后果的原因就是老师不负责任的教育。那有什么办法能让老师负责任呢？除了提高老师的道德修养，没有别的办法。

我们的政治有自己的管理之道。我们是仁治，我们不是法治。仁是仁爱的“仁”。世界上没有人治的观念，全世界也找不到“人治”这种说法。大家翻看历史就能知道，历史上被人称为“唐朝”的中国是全世界最有钱的国家之一。

为什么后来唐朝会灭亡？因为唐朝人每个都吃得胖胖的，身体健康都存在着问题，最后就完了。明朝是最有钱的朝代之一，我们的国库里藏着来自全世界的白银。那时的我们向外输出三种物品：瓷、茶、陶器。仅凭这三种物件，我们便赢得了全世界的白银。

大家都说，现在的社会发展速度快，但是这20多年的进步，其实并不难达到，这些对我们来讲真的只是雕虫小技而已。美国人曾经怀疑过我们，未来中国能发展航天吗？航天，那可是美国的专利，中国30年都未必能赶上。

我们现在发展航天的时候，反而美国不接着发展了，为什么呢？因为美国没钱了。有技术、没有钱有什么用？你不看看这个现实的问题，为什么相信美国人说的那些话呢？

第八章

处理好家庭关系的要义

真正的孝道是“有话直说”

大家一直不愿意看见的事实就是“愚孝、愚忠”。《论语·里仁篇》记载：“事父母几谏，见志不从，又敬不违，劳而不怨。”这是孔子的观点，他觉得只要是人就难免会犯错，但是犯了过错就应该及时修正，同样的过失不能重新再犯第二次。

我们常说“天下无不是的父母”，这句话真正的含义是对父母不能希望或苛求他们成为不会犯错的完人。父母同样是人，也一定会犯错，身为子女的我们，纵然心里明白他们错了也不能对其加以指责。“不二过”的良好修养是“过则勿惮改”。

可是话说回来，盲目地顺从父母的过错，也必将陷父母于不义的境地。更有可能使父母身受牢狱之灾，致使全家人都跟着惶恐不安，这便由不孝变成了“大不孝”。“几谏”的意思是柔声怡色地对其进行规劝。谏的用意，恰好与顺相反。子女对父母进行规劝时，不能疾言厉色地据理力争。

比谏更深一层的是“父有争子”的“争”，这个字含有“父母不听便不停止”的意思。谏有产生良好效果的作用，因此父母自然愿意接受“孝道”。若是为人子女一劝再劝，父母还是坚决不予采纳的时候，恰当时机的阳奉阴违，也不失为随机应变的另一种方式。

实际拖延，但在表面上顺从，等到时机成熟后再找一些理由予以应对。即使父母对你感到失望，只要免于招祸或受辱又能够不损及健康，仍然是一种值得尝试的应变之法。当然阳奉阴违是一种不好的方式，但可以为了父母的声誉将它当成例外看待，偶尔用几次也未尝不可，这也是不得已的“下下策”。假使苦苦哀求仍不能见效，于是以拖、推、拉等方式期待着父母回心转意，也是一个很好的办法。

凡事看情况，“有所可也有所不可，有所变

也有所不变”，我们要做出当地当时最合乎义理的应变。子女以“反正我已经劝告过，父母仍然坚持，那我就顺着他们的指示去做就是”这样的应付心态来对待父母是不妥的，毕竟父子之间的亲情要浓于朋友之间的友情。对朋友我们可以点到为止、适可而止，对父母却必须再三哀求，满心期待着父母能及时醒悟。

法和理最大的差异，在于法是固定的、死的，很难应变；而理是活的，能应变、有弹性。凡事我们都可以“依据法令”，但应该“合理处置”。

意思是将“法”和“理”合起来思考，而不是分开解读。在法律许可的范围内，衡情论理然后进行合理地处置，才是最佳的选择。

当然我们不应该鼓励“阳奉阴违”这样的行为，但也不可以全部抛弃。有时合理地阳奉阴违，是可以产生良好的效果。但是“阳奉阴违”的动机必须纯正，必须是为了父母的荣辱、利害和安全着想，并不包含其他的不良因素。

即使是这样，也不应该经常使用，只能偶尔

为之。若是失去父母的信任或是养成不良习惯，那便利少害多、得不偿失了。

我们有《孝经》讲孝道，可以表现出自己恭敬的孝心，这些也都可以放心地进行实践。对于“孝顺”我们必须特别提高警觉，不可顺才不顺，能顺则顺。若是实在没有办法，还有最后一种方法，那就是暂时躲着父母，让父母知道子女已经非常为难而及时醒悟。

但是这种方法，必须要先考虑好父母的安全问题，绝对不可以因此而造成任何闪失，不然父母着急生病，便成了子女的不孝。

不义或义，便是不合理或合理，原本这两点是不容易辨明的。有一次，曾子为了一件小事，被他的父亲差点用大杖打死。孔子认为若是父亲真的打死了儿子，就会“陷父于不义”，斥为大不孝之举。告诉我们若“小杖则受，大杖则走”的道理。这件事不能通过法律规定，其大小也没有固定的标准。

这就告诉我们：只要物、地、事、人、时有

变动，那么我们判断的标准也应该随之调整。比如义和利常常是连在一起的，不需要勉强加以分隔说“重利就不能求义，重义就不能求利”。

靠媳妇宣扬孝道

要靠谁把孝道恢复起来呢？不是靠儿子，也不是靠父亲，而是依靠一个大家都想不到的人：媳妇。你看我们中国古代的女人，嫁入夫家之后，将自己姓氏摆在第二位，将夫家的姓氏摆在前面，称为冠夫姓。

有许多人看了我太太的名字后，问她怎么有两个姓？怎么能有两个姓？我太太原本姓刘，嫁到我们家后，她便加上了一个曾。姓氏是曾刘，我太太不是复姓，她就是冠夫姓。

有人看到说这不平等，怎么能这样呢？这样说的人请到美国看看，美国比我们更惨。一个美国的女孩子嫁给丈夫以后，连自己的姓氏都没了，直接姓丈夫的姓。大家应该能想明白，全家人都有血缘的关系，只有夫妻两个人没有。全家人都是自己的亲人，只有媳妇不是自己的亲人。

她是后来嫁给我的，如果她没有冠我的姓，

爸说哪天不考试，我说可是全班学生都考不及格，爸爸说怎么会有这种事，你乱讲。我说是真的，老师也觉得很奇怪，很少有的。

于是爸爸就问，那你考了多少分。我就把考卷拿给他看，结果爸爸跟我妈妈讲了一句话，我一辈子都不会忘记。他说我们的儿子还不错，考了 80 分呢。全班都不及格，我怎么可能考 80 分？因为我考 50 分，可全班都不及格，50 分就是 80 分，我就不用挨打了。

明哲保身不是生活技能吗？打了才说“冤枉”，那都是活该。什么话都应该先讲，这才是最基本的生活技能。

现在，我们都很急躁，而且很轻浮。比如，人家讲话，你安安静静地听不可以吗？“哎”“对”“嗯”……你老出这些声音干什么？好像你不出声音就不存在一样。可不存在又怎么样呢？有时候人是要不存在才叫恭敬，才叫尊重别人。

这些到底是习惯还是技能？我认为是技能，

因为它跟你的生活，你的升迁，甚至你家庭未来的发展都有很大关系。可惜学校没有教好，家长也不懂。家长为什么不懂？因为他们的时代使他们不懂，这叫作时代的悲剧，不是他们不好。

很多有钱人不知道自己有钱并不是因为自己有能耐，但是他的嘴巴会讲“我何德何能”，那都是虚的、假的。他应该在心里想我何德何能，我是生逢其时，我是得到了机会，不是我有本事，所以我现在有钱了，我要赶快提升我的能力才对。这样这个人的生活技能才能高人一等。

我有钱了，你有没有？然后声音就大了。说难听一点儿，就跟暴发户一样，到处惹人不高兴。我们一定要记住，每一个人这辈子都是有起伏的，你下去的时候，你的遭遇就是你在没有下去时所种下的因。讲到这里我一定要说明，因果也是一种生活技能。因果绝对不是迷信，它是科学。

有的人，没有地位的时候，什么不好的事情都没做过，可一旦有了地位，就开始做不好的事情了。我们看过太多类似的案例，地位一提高，就开始觉得自己好像高人一等了。

中国有句俗话：德不配位，必有祸殃。一个人的地位越高，财富越多，对自己的品德修养和个人素质的要求就应该越高，这一方面需要良好的家教，一方面也需要自己的不断修炼。

大家知道全世界对中国人最大的希望是什么吗？就是当中国富有以后，他们希望中国人能够用心提升自己的素质，因为他们都很欢迎中国人。中国人有钱，他们当然欢迎，但是来了以后却让他们很头痛。中国人如果到哪里，哪里都是乱七八糟的话，怎么能得到人家的好感？这算不算生活技能呢？当然算生活技能。

中国人是见机行事。比如我们到国外，人家排队我们一定跟着排队。所以我常常问很多人你懂不懂排队，他说我当然懂，我问他那你为什么不排队，他说只要大家排我一定排。就这句话而已。大家排我一定排，你叫我一个人排，吃亏，我就不干了。

怕吃亏，喜欢占小便宜，我们的根本就在这

里。所以，我们从小就要让孩子记住，只要你不想占小便宜，你就不会吃亏。所有被骗的人都是喜欢占小便宜的，不然怎么会被骗呢？

有一次，我到某个地方办事，路上遇到一个人拿着一个钱包叫我，说这个钱包是我掉的。我一看那根本不是我的，就说那不是我的，就走了。过了一会儿又来了一个人，也拿着一个钱包，说这个钱包是我掉的，钱包里面有美元、港币、人民币。我还说那不是我的，就走了。

我回去跟朋友说起这件事，朋友说幸好你没有认，如果你说是，那就上当了。所以，吃亏上当只有一个原因，就是喜欢占小便宜。

生活技能是非常根本的东西，但是基本条件是父母自己要懂。有的父母让孩子练钢琴，说要去练这个技艺。这根本不是生活技能。我一辈子都不会弹钢琴又怎么样？可是，我到哪里都要拿筷子，人家一看我拿筷子就知道我的家教怎么样。其实，如果再深一步讲，你看一个女孩子怎样拿筷子，就知道她将来会嫁到哪里去。

我们就是因为把我们的宝贝都当作迷信，最后才会失掉太多的东西。生活技能是我们每天生活中都要用到的，我们必须要自给自足。拥有生活技能，我们不需要人家帮助就能活下去。

中国人是全世界最有这个本事的人。把中国人丢到全世界任何一个地方，我们都能活下来。可现在有些人到美国待了一年，回国后就这个不习惯，那个不适应，连吃饭都开始用刀叉了，这是非常糟糕的。

生活技能尽量不要借助外面的东西。老实讲，我们中国人多，你如果经营实业，就要照顾更多的人。你招一个工人来，就相当于养活了一个家庭。你现在把所有人都辞掉，搞几个机器人，就算赚再多的钱，能心安吗？

我常常跟一些老板开玩笑，我说你再有钱，都是机器人干活，你这个老板当得有什么神气？你最起码找几个人来，就算生气也可以骂嘛。否则，面对这帮机器人，怎么骂？这叫生活技能。不要把职业技能当成生活技能。

第八章

家风中对祖先的态度

祖先和子孙具于你一身

全天底下的中国人，几乎没有不拜祖宗的。

中国人从来不拜偶像，我们只拜三种对象：第一个是天地。天地是偶像吗？不是。第二个是祖宗。祖宗怎么会是偶像呢？第三个是圣贤。圣贤都是人，哪里有偶像？

大家可能会问我：祖先在哪里？祖先就在你身上。这话怎么讲呢？怎么祖先会在你身上呢？想想看你的父母在哪里？你的父母就在你的肠胃这里。如果从小没有父母，你根本没有东西吃。

人不是动物，有些动物一生下来，好像就能够自谋生路了。可如果你小时候没有父母，你这个肠胃就不得饱，也根本就长不大。那祖父呢？祖父在你心里。你心里所想的道理，几乎都是从祖父那里听到的。祖父最能把家中的传家之宝——品德传给子孙。

良好的家风就是这样一代代传承下来的。开

山立业之祖，离我们好像很遥远，好像在天上一样。那你的子孙在哪里？说起来也不是笑话，你的子孙就在你的腹部大腿之间。你没有腹部和大腿那一部分，你能生小孩吗？然后孙子再往下，曾孙再往下，一代代地往下繁衍。

这就是说，不管你的祖先，还是你的子孙，都具于你之一身。

对于祖先来说，你是他们的延续；对于子孙来说，你是他们之所由来。

我们与祖先是精神互动

相比于世界上任何一个民族，我们中华民族多了一条导引线。现在我们很需要导引线。车行天下，没有卫星定位，我们很难判断哪条路顺畅，哪条路拥堵。一句话，没有卫星定位，就很难畅行无阻。

中华民族始终有一条导引线，这条导引线是外国人没有的。我们相信祖先最爱护我们，当然祖先不爱护自己的子孙，还爱护谁呢？我们相信有很多事情是不方便去问别人的，但可以问祖先嘛。

那大家会有疑问：祖先在哪里呀？祖先要不要吃饭？祖先要不要穿衣服？谁都不知道。束发结辫的祖先会不会看到我们现在剪了辫子而感到好奇？是不是我们应该赶快做一个辫子烧给他们？

我们不会做这些事情。我们跟祖先互动，完

全是精神方面的感应，而不是物质方面的交往。对于我们来说，祖先作为活生生的人的形象并不具体。如果他望着你，就算你不会怕，你也可能会把他吓坏的。所以古人告诉我们：鬼吓不死人，只有人才会吓死人。因为鬼没有形体，孔子讲得最清楚了。

在你拜祭祖先的时候，就当作祖先在你面前。如果面前没有祖先，心中没有祖先，你祭他干什么？拜他干什么？哪一天你到孔庙去拜孔子，如果心中没有孔子，你拜他干什么？那是个石头雕的，是铜做的，是木头雕的，是泥巴糊的，你拜他干什么？

所以，为什么只能拜自己的祖先，不能拜别人的祖先？拜别人的祖先，那你的动机就非常可疑。你是想巴结他？你看中了他们家的财产？你到底想什么？这样就很清楚。我们很多不方便跟别人讲的事情，可以跟祖先交流。

其实，你可以自己跟自己对谈。孔子讲得很清楚：我们跟祖先纯粹是一种感应，没有其他的来往。你也不要相信那些邪说：我那天梦见你祖先了，他说他很冷，要你烧点衣服给他；他让我告诉你他很穷，需要钱。这些都是骗人的论调，不要相信这个，没有这回事。这不就是迷信吗？你要听这些乱七八糟的话，那就叫迷信。

只有祖先活在你的心中，你才可能活在你子子孙孙的心中。人要永生，只有活在子孙的心中，别无他途。你看汉武帝、秦始皇，用他们最大的威势，想尽办法使自己永生，但谁做到了？还不是随着时间化作了一具具冢中枯骨。

到今天为止，科学再怎么发达，人不可能不死，这是事实，可是我们很不情愿去面对，为什么我们就不能活一百岁？为什么我们不能活一千岁？所以我们被迫对着他们歌功颂德，大喊着：千岁千岁千千岁，万岁万岁万万岁。可是喊了半天他还是死了。

你看历史上被喊万岁的人，都死了。证明永生是不可能的，谁都非死不可。老实讲，人会死，是上天对人类无比的恩德。为什么？因为你这个臭皮囊已经用了七八十年，竟然还好好的，身体硬朗着，这已经很不错了。

但是，再硬朗的身体，随着时间的流逝皮肤也会变得松弛，骨质也会变得疏松。老天让你及时复归尘土，不再受无情岁月的折磨，这不是对你的爱护吗？你还有什么好留恋的呢？

人会死，是上天对人类无比的恩德。

祭如在：你要亲自在那里

中国人拜天地、拜祖宗、拜圣贤，这完全是一种不忘本的精神，因为天地是根，父母是本，没有圣贤就没有中华文化的延续。

祭祀有宗庙的祭，那是属于国家的。我们现在也在祭烈士，他们为国为民牺牲，当然要祭。我们祭屈原，因为他很了不起，让我们永远怀念他。我们祭祖宗，在家里面祭。祭天祭地是每个人共同的，祭祖宗却是每个家庭不同的。

但是我们要记住，孔子有一句话，叫作“祭如在”，这个“在”就是说，你要亲自在那里，不能打个电话说我不能回来，你们替我祭拜一下，那是没有用的。并且要祖先也在那里，双方都在。

你可能会觉得这怎么可能。所以，我们就很佩服孔子，他用了一个“如”字，“如”就是好像，这就很清楚地告诉我们，只要你心中有他的存在，他就存在；你心中没有他的存在，他就不存在。

这个是没有办法用科学证明的，也不是客观的，前面我们提到过，这叫感应。

所以，我们中国人谈鬼神，不必去讨论他穿不穿衣服，不必去讨论他花不花钱，花什么钱，花多少钱，都不必。我们只讨论你与他有没有感应。如果没有感应，那就表示你的诚心不够。

当你诚心够的时候，自然感应得到，有三个字大家都非常熟悉，叫“诚则灵”。只不过大多数人都是嘴巴上会讲，其实根本不知道诚是什么。上不欺天——上不要欺骗天，下不欺己——下不要欺骗自己，中间不要欺骗大家。按上中下的顺序，就叫上不欺天，中不欺人，下不欺己。

你不要骗自己，诚不诚你最清楚。而且，你知天就知，你知别人就知。你拿着香还跟人家聊天，你在那儿拜，心里却想着自己的股票会不会涨，你以为别人不知道？当然知道。我们中华民族是一个没有秘密的民族，你不要想骗任何人，因为我们的感应力是非常强的。

我们中国人从小就必须要高度警觉，否则你

这件事。年轻的时候，我在美国打高尔夫球，用了半天打下来一场球，而且只花费10美元，是一个谁都玩得起的运动项目。

即使如此，可是我还是不能打高尔夫球。因为后来我一想，费了半天的劲，就是和一个小白球拼命，这真的值得吗？我可以用这半天做很多事情，光用来打球不是非常无聊吗？因此，我就改变主意了，这半天我会用来做更多有趣、有意义的事情。

正所谓“一寸光阴一寸金，寸金难买寸光阴”。想要用钱去买时间，是不可能的。小孩有时间多陪陪父母，父母有时间多陪陪小孩，这才是人间的温暖、人间的真情。

比如你出门在外，很久没有回家。你父母的身体怎么样呢？我们会觉得应该没有事，假如家里有事他们会打电话的，那子女和父母之间还谈什么亲情呢？我们常常感叹：远亲不如近邻。远亲不如近邻的意思是自己的亲人在遥远的地方，还不如你隔壁的邻居来得亲近，好好想想是不是很有道理呢？

现代人自认为在某些方面进步了。但是

很明显，在很多事情上我们退步了，尤其是在“孝道”上。

父母健在时，你要经常关心父母的状况。孔子说过：“父母之年，不可不知也。一则以喜，一则以惧。”为爸爸庆生的时候，要能想到：糟糕，父母又老了一岁。现在的儿女几乎没有这个意识。

生日宴上，有玩乐，有蛋糕，还会唱生日歌。这算什么？我们中国人，尤其是如今的中国人就是因不清不明，所以就以吃喝玩乐的心态为父母庆生，甚至以这种心态试图毁掉中华传统文化。以吃喝玩乐为准则的人生，又有什么价值呢？

现在一些人，不仅不能体谅父母的辛苦，有的甚至还要责怪父母没有文化，不懂正确教育儿女。假如父母没有文化，你的文化又是从哪里来的？如果父母不懂教育，你是从哪里接受的教育？最根本的就是没有你的父母，这个世上会有你吗？

但是，现在有些人对一些体谅父母辛苦的人，不仅心怀敌意，甚至还会投来鄙夷的目光，认为这种人不能跟国际接轨，已经落伍了。这是中华文化的无奈，那些坚守中华传统的人，也就成了中华文化的牺牲品和祭奠品。

被我们误解最多的一部国学经典便是《道德经》。若是你将来有机会读《道德经》，你就会明白，原来我们将《道德经》的内涵全都错误理解了，真是对不起老子的呕心沥血。

我先提出一个问题，问问大家：为什么老子在留下5000言之后，就立马跑了、跑得无影无踪？他为什么要跑呢，有什么好紧张的呢？要是你真想了解老子，就要从他为什么选择逃跑开始。

同样的道理，要想了解孝，首先就要知道孝从何处来。如今的年轻人连恻隐之心都没有，父母孤孤单单地守在家里，不能共享天伦之乐。即使你获得再高的成就，又有什么用呢？

如果你把他们安置在老家，他们未来退休后孤老无依；如果你把他们接到你生活的城市，他们住不习惯，无论怎样，为人子女我们都很无奈，这时你就更能理解孔子所讲的“时也，命也”是什么含义了。

第九章

孝道的优点

天下太平与繁荣

古代有一句话是这样说的：君要臣死，臣不得不死；父要子亡，子不得不亡。这句话有什么根据吗？没有，甚至都不知道从哪里传出来的，既不符合人性，也不符合大自然基础规律。这时候我们就要一笑置之，不必加以理会。

我们设想一下场景，很容易便发现这句话很可能是出自某一个朝代，在某种特殊的情境下，来自某一位臣子的话：君要臣死，臣不得不死。

但是当时的情况肯定是格外危急的，目的是激起自己的壮志，也试图增强君王的信心，很明显这是非常时期的非常做法。这类话应该当成例外，不应该把它当作例行事务处理或视为常态，免得误导子孙形成错误的观念，最终害人又害己。既然有这种说法流传下来，我们就更应该及时改正，让这句话到此为止，不要再危害子孙后代了。

一定要以善良作为伦理道德的出发点，这样

对每个人都有好处，大家才会乐于遵循。凡是偏重一方、片面要求的，都应该重新加以检验。看看这句话或者这件事是不是误传了？还是解释错误、以讹传讹却广为宣扬？

也可能是少数人故意加以曲解。心有不善的小人，为了自己的利益编造出的“假话”。因此，我们必须依据自然规律、用心明辨来进行判断，及时加以改正或扬弃。

对于伦理的不同定位，要承担不同的责任，但也一定要兼顾并重地照顾到每一个人的感受，对大家都有帮助才更符合人性，也更能长久。当然孝道也是这样。任何人只要敬爱父母，就会得到父母的关心和喜爱，因而得到父母更好的照顾，自己也能因此得到快乐。

慈和孝是可以互相感应的，他们是相通的。我们前面说道“只有孝是单向的”，用意是希望能加强为人子女的责任。在年龄方面子女永远赶不上父母，因此在各种经验都不如父母的前提下，子女必须全心全意地孝敬父母，才能逐步了解父母的真正的用意和处境的艰难。

以“修己”为基础的儒家思想要求凡事先反求诸己，不要事事怨天尤人。子女年纪小时尚不懂得修己的道理。这时候，修己的第一步就是孝敬父母。用孝敬父母来修己，以此获得父严母慈的教养，奠定人生坚实的基础，自然是最为有利的。

只有家中相亲相爱才能拥有快乐和谐的人生。但是，若是有人想要和所有人都相亲相爱，也未免太过天真无邪。人一多就变得形形色色，有可以使我们信赖的人，也有我们不能相信的人。

所以，“相亲相爱”先由一家人开始做起，等到我们积累了丰富的经验后，再逐步向外扩展，这才是最为可行的途径。“悌”是指在兄弟姐妹之间相亲相爱，“孝”是指和父亲母亲之间相亲相爱。人们从孝顺做起，才是最好的“相亲相爱”方式。

为什么我们要安上？因为若是身处上位的人做事不能安心，那么所有的工作人员也没有办法尽心尽力地做好事情。明明是好意，但有可能被小人误解为存心不良；即使将事情做好，也有可能被误解为在向上级宣战。五千年的中国历史上，曾经发生多次人君迫害功臣的事件，令人不得不提防着“顶头上司对自己相信与否”和“顶头上司安不安心”的问题。

为人民服务是安上的目的。治民是为人民服务，而不是管老百姓。这时的统治者要用“礼制”促使大家自愿遵循规章制度，便于在与大家的互动中找出最合理的平衡点。

法是死规定的，是很难赶上时代变迁的脚步的，更有甚者是等到执行完毕才发现：法根本是错误的，想让大家心悦诚服必须加以修正。礼便是理，我们要依据实际状况、参考法令做出合理的调整，因而称其为“礼治”，意思是合理的处置。当然这样更有弹性，更能随时应变，也更令人心服口服。

“广要道”的意思是：要推广孝道使其打好仁之本的基础，也就是成为至德的要道。因心中有父母而孝敬他们，自身会产生强大的自律力量。

这是为人处世最要紧的道理！为君者懂得如何安上治民，明白礼乐对大众的教化作用，就能收到“所敬者寡，而悦者众”的伟大功效。

虽然我们重礼，却不能推行虚伪、繁文缛节、做表面功夫的不良风气。即使实质良好，如果没有合理的礼节加以表达，不免流于简陋。比如有一个质量很好、包装不佳的商品，自然不能得到顾客的喜欢。没有良好的实质，只重视仪节繁重，那是虚浮，就像我们现在有很多商业广告华而不实，真是令人大失所望！

文质彬彬即指实质与形式相符，这也合乎理想。若礼没有配上仁心，就不能算是礼。因为法律僵化、落伍，很容易就被一些存心不良的人利用，所以法治需要制衡。

礼治的最大制衡来自仁心，所以礼治的必要基石是推广孝道。孝敬父母的人一定会有仁心，这时候领导者就可以安心地推行礼治了。

以孝治国，长治久安

天地万物中人是最尊贵的，因此人们称为“万物之灵”。在人所有的品德之中，又以孝道为至高无上，孝道也是做人的根基。若是连孝道都不能做足，恐怕其他的道德修养也会根基不稳，进而有所偏失。但是，为什么奉行孝道中，最紧要的是敬重父亲，不强调父母并重？难道真的是因为男女地位不等吗？

实际上，这是因为男女有别，和平等不平等根本扯不上任何关系。这里的“男女有别”指的是：在一个家庭里，通常母亲和子女更加亲近，父亲为了一家人的生活必须外出工作。在年幼的孩子的心中，在对自己的照顾上，母亲要比父亲多很多。

若是家里的母亲没有及时提高家庭中父亲的地位，便很容易引起孩子“重母轻父”，从而造成父亲的不忿，将生活的常态加以扭曲。这种现象，到现代已经逐渐明朗。古代人宣扬的“女主内、男主外”的主张，就是基于男女有别来设定的。

“重男轻女”是中国真实存在的状况，难怪在大环境的长期压抑下的女性要多加怨愤，刚听到有人主张男女平等，便表示热烈欢迎。但这并不是中华文化的本义，我们不能将责任推给古代的圣贤们。

若是要振兴中华文化，就不该长期误解，也不该到了现代还继续扭曲下去。只有恢复原有面目、正本清源，才是最合理的振兴途径。这一次我们重读经典，要更慎重地加以厘清，免得后面再重蹈覆辙。我们不该重男轻女，必须正视男女有别的含义。

人的天性是亲爱父母，若是明君圣贤则可以顺着这样的人性，将其发展成可贵的孝道，并且自己以身作则，同时通过祭祀昭告天下：以孝治国的基础是孝道，将孝道扩大其运用便是孝治。这样大家便可以自然而然地将父（母）和子（女）之间的血缘关系，转移到君（领导）与臣

（下属）的义理关系。

对于子女来讲，父亲既是慈亲又是严君，这个角色在家里具有双重责任。若是子女不敬爱双亲反而爱别人，就是有悖于道德，这是一个简明易懂的道理。伦理不是一视同仁的博爱，而是对不同的人有差等的爱，这样的爱有什么不对?

要有孝智，也需要孝思；虽然孝道重情，但必须重义。期求不误解、扭曲孝的本意，从而降低孝的价值，甚至引起大家的疑虑，形成众多反对孝道的声浪。

孔子将“仁”当成“人之所以为人”的本质看待，人性是人的本质，所以我们说“仁即为人性”。这是我们的精神生命，每个人刚生下来时就像果仁，还需要有萌芽和生长的周期。就算人性是善的，也需要长辈加以启蒙和培养。

婴儿有父母的教养、培育，才能长大成人。现在有些人讲“孩子是龙，就算丢在阴沟里，仍旧是龙”，这句话的意思是说：只要安全，就不必教育，孩子也能顺顺利利地成长。这完全是一种不负责任的说法，实在是害人不浅。

父母是中国人的话，应该也将自己的子女培育成一个堂堂正正的中国人。若是有人说这是一种本位主义，让他放眼看这个世界，哪个民族不是这样？不然民族本身都灭掉了，还传承什么文化？

中华文化之所以能绵延不绝，是因为我们有着“生为中国人，死为中国鬼”的信念，达到了中华文化始终屹立不倒的效果。如果生是中国人，却始终惦记着成为外国人，这种人是没有资格称为“仁人君子”的。

鬼和归同音，有句话是这么说的“人所归为鬼”，把归返原先来的地方，当成人死后作为鬼的去处。有些人在人群社会中有着特殊的贡献，他们普遍具有十分广泛的影响，以致群众舍不得他归去，就把他留下来当成典范，尊称为“神”。

我们无法辨别鬼神的状态。但是鬼神的感情能与我们相通，相信这也是大家自己都能感应到的。正所谓“祭神如神在”，所以才会心诚则灵。

道学向来是一以贯之的。“贯”的意思，就是贯通。我们祭祀先祖的用意，是贯通人和鬼神之间的感情。人们怀着浓厚的追思之情，虔诚地祭拜祖先，自然可以感受到祖先的精神，犹如在我的左右或者在我的前后。

彼此不出声，但是有很多话想说。每每祭祀过后，能回忆起许多与祖先的旧事，又收获到很多新的启示，由此展开孝的途径。若是我们心中有父母的位置，便可随时通达孝道。

群众一向敬仰有着特殊贡献的人士，大家都要对其加以祭拜，若是不这样做，就是无勇，也就是不义。因此，我们要两者并重，虽然长他人志气，可也不能灭自家人的威风。

所以，把圣贤、伟大人物和自家祖宗的牌位甚至是神佛安放在一起，既长了他人的威风又没灭自家人的志气，这才是两全其美的办法。

扬名后世，移孝作忠

原本孝敬父母是每个家庭成员必备的道德修养，以至在社会上逐渐扩大成为忠。为了捍卫国家的荣誉战死沙场的人被称为“忠孝两全”的烈士。一方面使父母获得家教良好的美誉，做到了“尊亲”；另一方面不使父母遭受旁人的羞辱，则做到了“弗辱”。

《论语·子路篇》曾记载：“父为子隐，子为父隐，直在其中矣！”比如父亲偷羊，作为儿子不应该出面指证自己的父亲，反而该为父亲隐瞒，这才是一个率直的人。因为从孔子的立场来看，那位坦白的儿子有点太不近人情了。

因此在很多特殊情况下，忠孝是难两全的。这时，我们经常将取舍标准挂在嘴上——“大义灭亲”。倘若父母是汉奸，双亲做出危害民族国家的恶行，无论如何，子女都必须要“移孝作忠”。往长远想、往大处看，毕竟阻止父母出卖民族国家，也是孝敬父母的表现。

虽然大义灭亲势必导致全家人都坠入悲惨的深渊，但有助于民族国家的生存，当然应该有这样强的毅力和这么大的勇气做到“舍孝取忠”。至于若是父亲偷了别人家的羊，自然会有人告到法院检举揭发，根据证物及证言获得最公正的判决。若由子女出面指证，实在不近人情。在类似的这种特殊的情况下，比较妥当的做法应该是“舍忠取孝”。

“顺”的本意是“顺天应人”。事事应向自然学习、以自然为师，将自然当成判断的标准，这就是“顺天”。将对待兄姐顺天理的精神，顺延到自己的领导，即为“应人”。

历来都是“求忠臣于孝子之门”，要求人们以齐家的心态治国，以孝亲修身。不过这个“家”，并不是现代盛行的三口之家的小家庭，而是三代同堂的大家族。“移孝作忠”的另一种表现便是治国凭借大家族的治理经验，逐渐得心应手，懂得治国之道。

“移孝作忠”的第一守则是“己所不欲，勿施于人”。人性大体相近，虽然欲与不欲不可能完全相同，但也没有太多的区别。可惜的是现代人喜欢误读，将这句话改成“己所欲，施于人”，慢慢通俗化“好东西要跟好朋友分享”，这就已经偏离了孔子原本的用意，害人又害己，对此我们必须要分辨清楚。

己所欲，别人也未必欲。实际上以“己所欲”来“施于人”的风险性很高，并不值得鼓励和推崇。己所不欲只是不施于人而已，假如别人也有相同的欲求，我们照样可以供应，并不会多加限制。其风险性相对大幅降低，当然值得我们大力推广。

孝敬父母最终目的是扬名后世、以显父母。人们最大的愿望便是“永生”。外国人通过宗教，因拥有“活在上帝心中”的信念而获得永生。中华儿女知道，我们可保永生的唯一方法就是“活在他人心中”。立德、立言、立功三不朽，这些目标都是为了以后活在他人的心中，美其名曰扬名后世。

人们生前的寿命十分有限，反而死后的时间格外漫长。中国人不争一时而争千秋，因此我们十分重视一个人逝世后对社会、国家的影响。扬名立万，是为了父母而不是为了自己。只有保持这样的心理，才能坚定又长远地走在正道上而不走歪路。

要立德、立言、立功就必须向外扩展孝敬父母的精神。使上司、长者、同仁，甚至跟我们没有直接关系的人都能感应到这种精神。要是连这些人的心中都有我们的位置，我们便真的虽死犹生、精神永存了。

现世的艰难、辛苦和劳累的时间并不长，委屈一下、忍耐一些，转眼便过去了。逝世后的扬名才是我们生前所有努力的成果，我们必须事先做好规划以便奠定良好的基础。人们生前有手足、有身体可以做自己的事情，但是死后入土便没有办法做自己的事情了。

扬名分为两种：一种为臭名，另一种为美

名。美名值得永久留传，遗臭万年是万万不可的，免得捎带着将父母的名声都败坏了。我们要想留美名就必须在父母生前尽孝，其所作所为都要符合孝道的各种需求。

若是还想更进一步，便要学会保持“为所当为”的心态，不在乎别人有何看法或怎样评价。常言道：日久知人心，只有发自内心的举动才能经得起时间的考验。

即使有人不认同“公道自在人心”这句话，但是大多数人还是很愿意相信的。我们只要尽人事听天命，不单求扬名，只问问自己有没有由内到外，逐渐增进自己的孝道便可。

至于能否扬名，扬的又是什么名，不是我们自己能控制的。我们之所以将其交由上天来决定，视它等同天命，就是因为我们能掌握的，只是“我欲仁，斯仁至矣”。

人生苦短，这种正事必须安排在最优先的次序。我们自己可以决定要不要从仁之本的孝道做起，一步一步逐渐向外扩展并向上提升。

人与人的互相信任才是为人处世的基础。只有彼此相互信赖，才有可能做实事、说实话，不浪费自己可贵的生命。

中华民族并没有信仰危机，只有信任危机。行孝扬名之立言、立功都不能离开立德，这才是我们已经建立的共同信仰。即使有所疏失或一时忘记，也能很快得到恢复。

如今，我们明白孝道能扩大成互信的基础，从今天开始就更应该恪尽所为、加强信心，将还有缺憾的孝道进行改善、修补。

无须苦恼也不必后悔，更不能找理由搪塞过去。行孝的作用便是即使父母已经仙逝了，仍能告慰他们的在天之灵。

感化人民，大同世界

由于当年没有网络，即使大家都知道孔子在倡导大同世界，也无法广传、难以普及到每一个人。现如今网络得到了空前的发展，我们也知道“地球村”势在必行，今天虽然我们有了良好的工具，却浪费掉宝贵的时光；忽略掉好的实质材料；耗掉很多可贵、稀少的资源，反而弄得自己不知道该何去何从，前途茫然，这真是人类最大的悲哀！

倘若通过大众传播的宣传，使天下的领导者都能赢得下属的敬重、天下的兄姐都能获得弟妹的敬爱、天下的父母都能得到子女的尊敬。那么，君臣之道、悌道和孝道便能于天下大行，并有助于天下太平、家庭和睦以及国家安宁。

君子爱人，所以要时刻牢记道德。大众传播必须以孝道教化人民，这是教化的根本之道，人一经感动，自然会有所反应。最有效的途径便是顺着天下的“至德”来教化人民。

遗憾的是现代的大众传播，还不能达到教化的效果。为了所谓的电视收视率，把有效良好的工具都错用了。本来电视进入家庭应该是一件好事，现在却破坏了家教。

原本选择用电视教学，是为了增强视听效果，好让孩子们更喜欢学习，可是没想到把学生的注意力从书本上引开之后，再也回不到课本上了。没有懂得书本，不能反复回忆、思虑、阅读、检讨、补记、深入领悟，根本没有办法将一门学问做好。

在很多方面，电子书还比不上文字书籍的功能。更何况现在人人手里都有电脑，他们到底用电脑做些什么，更值得我们深思熟虑和密切观察，免得后患无穷。

常言道：人之所以异于禽兽者几希。这个“希”字的含义是孝中的“敬”。现在一些人不知不觉中受到西方思潮的影响，视子女父母为“朋友”，这在中华文化里就是精神上的“乱伦”。

子女和父母的亲情，和朋友间的友情也是有所区别的。父母将子女看成自己未来的延伸。正所谓“父母唯其疾之忧”，父母甘心因子女而劳累，为子女牺牲心甘情愿，怎么能局限于朋友之情？朋友可以随时结交新的，可父母这一生只有这一对，心里怎么能将父母和朋友同等对待？

人作为自然的一部分，我们必须按照天地自然的法则生活，才会生生不息、往返循环。只可惜我们现在盲目地追求新奇、追求变化，到处讲求创新导致越来越离经叛道，将根本都忘记了。强调原本父母就于子女无恩，就算有生育教养的恩情，也不应该要求子女有所回报。

虽然不能直接说没有道理，但只是片面的道理，并不周全。换句话的意思是：这些都是偏道，算不得中道。什么是中道？中道是合理的思维。比如我们孝敬父母，但并不局限于我们的亲生父母，还要往上推及父母的父母，甚至是父母的父母的父母。这样一直向上推导下去，即为“列祖列宗”。

祖表示着父亲的上代，宗则代表母系的尊亲。一直推导到天（父系）和地（母系）以便时刻自我提醒，既然生为天地的一分子，就要善尽一己的责任来回报天地的化育。同样是孝道，却因为每个人的地位、品德修养、身份、胆识和判断力各不相同，所抱持的心态、负的责任、实践的方法以及采取的方式都有所不同。这是一个非常高大的目标，能做多少算多少，个人尽其在我，善终便是问心无愧。

这才是一个完整的道理，分中有合，合中也能分。所有世界上的人，若是都能殊途同归而互不干扰，自然就达到了中道，达到了自我制衡的效果，这也是“慎独”的功夫。如此自律、自主和自觉，为什么还要用外力来制衡呢？

我们喜欢夸人“自信”，其实这是不周全的偏道，姑且我们先加以认定。我想问大家：“对自己的自律、自觉和自主，为什么要缺乏自信？”若是自己静下心来想想，估计也会觉得是一件十分可笑的事情。

假如将“自信”改成“自性”，那就清楚多了，我们明白自己的天性后，很快就能知道孝敬父母的根本在哪里，也就是自性的基础是什么。懂得孝敬父母的必要性、自觉孝敬父母的重要性，就能逐渐对“自性”有所感悟，并且知道孝才是仁之本，孝道才是一切教化的根本。

父母宠爱子女但又让子女效仿自己的不孝，会导致什么样的后果？找不到可用的关系，是父母无能；赚不到钱，也是父母对不起我，令我有志难伸、壮志难酬。有这种想法的人会建立良好的家庭关系吗？

不要在意别人的行为举止，先反省自身：应该怎样对待父母？同样的道理：敬君则臣悦，敬兄则弟悦。仅凭一个“敬”字，便能产生如此良好的效果，我们常说：敬人者，人恒敬之。可见，“敬”不是单向的，而是双向的。孝敬父母的样子，是做给别人看，想让大家都称赞自己；是做给父母看，想讨父母的欢心便于收获更多的好处；还是做给自己看，让自己心安喜悦？

如此一次、两次，多几次反省后，内心就应该更明白：原来孝敬父母是一项神圣的任务，不但要用心传承家风，对历代祖宗负责，而且要继往开来，对后代子孙负责，使家风持续地改善、与时俱进，而不是盲目地追求新奇、追求变化。

只有“温故而知新”（明白其原本的真正用意，才有机会随机应变还不违反传承的根本之道），才能“持经达变”，这是真正孝敬父母的心，也是一种不忘本的精神。

内容简介

《论语·学而篇》直接指出："孝悌也者，其为仁之本与！"不孝敬父母的人、处理不好家庭关系的人，必然无情。

曾仕强教授深谙中华传统文化，对中华文化的《孝经》有着深刻的研读和理解。本书中，曾教授以建立良好家庭关系为要义，从家庭中的亲子关系导引出孝治的观念，更是将孝道扩大到治国、平天下的境界。曾仕强教授认为：天地是我们的根，父母是我们的本。做人不能忘本，饮水才会思源。

相信大家的烦恼、痛苦、恐惧和困惑，或多或少都和家庭关系有关，希望你能从本书中有所收获，探索中国式家庭伦理关系，建立更加和谐、友爱的家庭。

作者简介

曾仕强，国学大师，中国式管理之父，培训界泰斗级人物，《百家讲坛》主讲人。美国杜鲁门州立大学行政管理硕士，英国莱斯特大学管理哲学博士。著有《道德经的人生智慧》《老子的人生智慧》《易经的奥秘》《中国式管理》等。

（扫一扫，更多好书一触即得！）

策　　划：郭　颖 韩　俊
王艳利
责任编辑：梅哲坤　于子涵
特约编辑：王　颖
投稿热线：010-65913539
封面设计：QQ: 368858179

上架建议　国学经典/生活
ISBN 978-7-5570-1776-7
9 787557 017767 >
定价：48.00 元